TOP ACTUEL

MICRO-ENTREPRENEUR 2021-22

Bénédicte Deleporte
Avocat au Barreau de Paris
Deleporte Wentz Avocat
www.deleporte-wentz-avocat.com

hachette

Dans la même collection

- *Comptabilité 2021-2022*
- *Droit de l'immobilier 2021-2022*
- *Droit des assurances 2021-2022*
- *Droit du travail 2021-2022*
- *Droit des sociétés 2021-2022*
- *Fiscalité 2021-2022*
- *Fiscalité du patrimoine 2021-2022*
- *La paye 2021-2022*
- *Analyse financière 2021-2022*

Les informations et chiffres présentés dans cet ouvrage sont à jour au 30 novembre 2020.

Cher lecteur,
Le statut d'auto-entrepreneur est maintenant requalifié en micro-entrepreneur et donc assimilé à la micro-entreprise.
Dans cet ouvrage, nous avons conservé le terme « auto-entrepreneur », toujours très populaire et encore majoritairement utilisé.

Maquette intérieure : OPIXIDO
Couverture : Hachette Éducation
Réalisation : Jérôme Pagès
Édition : Élisabeth Sanchez

www.parascolaire.hachette-education.com
ISBN : 978-2-01-714725-1

SOMMAIRE

FICHE 1

POURQUOI UN RÉGIME DE L'AUTO-ENTREPRENEUR ?

1 - LA SITUATION AVANT L'ENTRÉE EN VIGUEUR DE LA LME

• Jusqu'à l'entrée en vigueur du régime de l'auto-entrepreneur le 1er janvier 2009, il existait un véritable « vide juridique », mais également un vide social et fiscal concernant les personnes physiques qui souhaitaient développer une activité professionnelle mais qui, pour diverses raisons, ne souhaitaient pas créer de société, ni se déclarer comme entrepreneur indépendant. En effet, la création d'une société, comme l'inscription en qualité de travailleur indépendant, impliquent le paiement de charges sociales, avant même d'avoir réalisé un chiffre d'affaires. En cas d'échec du projet, les formalités de cessation de l'activité sont perçues comme trop lourdes. Certains exerçaient donc une activité non déclarée (« au noir »).

• Par ailleurs, ces dernières années, notamment avec l'essor des plateformes Internet *C-to-C* (consommateur à consommateur), de très nombreux particuliers se sont retrouvés dans une situation délicate au regard du fisc et des organismes sociaux, en développant une activité qualifiée de « paracommercialisme ».

Le paracommercialisme se caractérise par une activité de vente régulière, sur Internet ou *via* les canaux traditionnels (ventes régulières sur des brocantes, par exemple), par des achats de biens pour les revendre, etc., sans aucune déclaration fiscale ni sociale.

• Afin de répondre à un réel besoin économique, et à la suite notamment de la réflexion menée courant 2005 par le forum des droits sur l'Internet(1), Hervé Novelli, alors secrétaire d'État chargé du commerce, a porté le projet de création d'un nouveau type d'entrepreneur : l'auto-entrepreneur.

La simplicité de la mise en œuvre du statut d'auto-entrepreneur, associée aux différentes incitations fiscales, aurait permis à de très nombreuses personnes d'officialiser une activité qu'elles exerçaient déjà. Il s'agirait donc d'une mesure permettant de lutter contre le travail au noir, tout en faisant bénéficier aux personnes concernées de la protection sociale, notamment, ainsi que d'un véritable cadre réglementaire leur permettant de développer leur activité légalement.

2 - LA CRÉATION DE L'AUTO-ENTREPRENEUR (1ER JANVIER 2009)

• L'auto-entrepreneur a été créé avec la loi pour la modernisation de l'économie

(1) Suite à sa dissolution en décembre 2010, le site du Forum des droits sur l'Internet n'est plus en ligne.

du 4 août 2008 (dite LME). Ce régime a par la suite fait l'objet de plusieurs ajustements et d'une refonte avec la loi du 18 juin 2014 relative à l'artisanat, au commerce et aux très petites entreprises (loi Pinel)(1). Il s'agit d'un statut encadré, aux règles désormais bien définies, et en expansion, permettant de développer une activité commerciale de vente ou de service.

• Ce nouveau statut, entré en vigueur le 1er janvier 2009, permet aux auto-entrepreneurs de bénéficier notamment de formalités de création d'entreprise allégées et d'un mode de calcul et de paiement simplifié des cotisations, contributions sociales et de l'impôt sur le revenu.

Fin décembre 2019, soit 10 ans après l'entrée en application de ce dispositif, 1 711 000 personnes étaient déclarées sous le régime de micro-entrepreneur, en hausse de 26,5 % par rapport à l'année précédente.
Le chiffre d'affaires global déclaré par les auto-entrepreneurs est en progression et atteint 4,282 milliards en 2019(2).

3 - LE MICRO-ENTREPRENEUR

• Les dernières modifications législatives ont entraîné un changement de terminologie. La dénomination « auto-entrepreneur » cède sa place au terme de « micro-entrepreneur ». La dénomination auto-entrepreneur reste néanmoins encore largement utilisée.
Par ailleurs, on distingue deux situations :
– pour les auto-entrepreneurs en activité, rien ne change, sauf à terme la dénomination ;
– pour les micro-entrepreneurs qui ont débuté leur activité à partir de 2016, celle-ci est soumise aux mêmes règles que les auto-entrepreneurs, ce qui signifie qu'ils ne pourront plus choisir le régime fiscal de la micro-entreprise et le régime de droit commun du RSI.
Les entrepreneurs qui se trouvaient dans une telle situation au 31 décembre 2015 (régime fiscal de la micro-entreprise et régime de droit commun du RSI), avaient la faculté de conserver le même régime jusqu'au 31 décembre 2019. Toutefois, il leur était possible de demander à basculer sur le régime micro-social à tout moment.

(1) Loi n° 2014-626 du 18 juin 2014 relative à l'artisanat, au commerce et aux très petites entreprises (loi Pinel).
(2) Communiqué de l'ACOSS, ACOSSTAT n° 310 - juillet 2020 « Les auto-entrepreneurs fin décembre 2019 ».

QU'EST-CE QUE L'AUTO-ENTREPRENEUR ?

1 - LA DÉFINITION DE L'AUTO-ENTREPRENEUR

• Le régime d'auto-entrepreneur a été instauré par la loi du 4 août 2008 de modernisation de l'économie, et modifié par la loi du 18 juin 2014 relative à l'artisanat, au commerce et aux très petites entreprises. L'auto-entrepreneur est une personne physique, entrepreneur individuel souhaitant développer une activité commerciale, ayant déclaré son activité d'auto-entrepreneur.[1] Le statut d'auto-entrepreneur permet ainsi à toute personne physique de créer et développer une activité professionnelle individuelle et déclarée.

• L'activité d'auto-entrepreneur peut être exercée :

– à titre principal. Ex. : un chômeur qui veut se lancer dans l'entrepreneuriat, ou un étudiant qui veut créer sa première activité tout en poursuivant ses études ;

– à titre complémentaire. Ex. : un salarié du secteur privé, un fonctionnaire ou un retraité qui souhaite compléter ses revenus par une activité complémentaire.

• Le régime auto/micro-entrepreneur est un régime unique et simplifié de la micro-entreprise, résultant de la fusion des régimes micro-social et micro-fiscal.

2 - LES RÈGLES APPLICABLES

Une inscription simplifiée

• L'inscription en tant qu'auto-entrepreneur peut être faite en ligne (www.autoentrepreneur/urssaf.fr ou www.guichet-entreprises.fr), la déclaration d'inscription sera ensuite traitée par le centre de formalité des entreprises (CFE) suivant la nature et le lieu d'exercice de l'activité : chambre de commerce (activités commerciales), chambre des métiers (activités artisanales), URSSAF (activités libérales), greffe du tribunal de commerce (agent commercial). L'activité peut débuter sans délai après l'inscription.

• Les commerçants, artisans et agents commerciaux doivent s'immatriculer, respectivement au régime du commerce (RCS), au répertoire des métiers (RM) et au registre spécial des agents commerciaux

Un seuil de chiffre d'affaires à ne pas dépasser

Le statut d'auto-entrepreneur est soumis à des plafonds de chiffres d'affaires (CA) correspondant aux conditions pour bénéficier du régime fiscal de la micro-entreprise.

(1) Dans la suite de l'ouvrage, nous conserverons l'expression auto-entrepreneur encore très largement utilisée, à laquelle il convient désormais d'associer celle de micro-entrepreneur (voir fiche 1).

	2018 /2019[1]	2020
Activité commerciale (achat/vente)	170 000 €	176 200 €
Activité de services ou libérale	70 000 €	72 600 €

À compter du 1er janvier 2018, les seuils de chiffres d'affaires ont plus que doublé, pour être fixés à 170 000 € HT (activités commerciales) et 70 000 € HT (activités de services et libérales). Cette augmentation des seuils a entraîné une augmentation importante du nombre d'inscriptions de nouveaux auto-entrepreneurs ces deux dernières années. Les seuils de chiffre d'affaires pour l'année 2020 ont été réévalués à 176 200 € (activités commerciales) et 72 600 € (activités de services et libérales).

Cotisation sociales, une imposition simplifiée

Selon la nature de l'activité (commerciale, services ou libérale), un taux de prélèvement unique sera appliqué sur le chiffre d'affaires réalisé. Ce taux s'élève à :
– 12,8 % pour une activité commerciale (achat, revente) (BIC) ;
– 22 % pour une activité de services (BIC et BNC);
– 22 % pour une activité libérale non réglementée[2] ;
– 6 % pour une activité de location de locaux d'habitation meublés de tourisme classés.

Attention ! Ces taux sont susceptibles d'évoluer.
Aucune cotisation n'est due en cas de chiffre d'affaires nul.
L'activité doit, en principe, être exercée en franchise de TVA (voir fiche 8).

Définition de la nature de l'activité exercée

Selon l'activité exercée, commerciale, de services ou libérale, les plafonds de chiffre d'affaires et les taux de cotisations diffèrent.
Une activité commerciale consiste essentiellement en une **activité d'achat pour revendre**. Cette activité peut inclure une transformation des produits achetés avant leur revente.
Une prestation de services consiste en une **prestation, de nature manuelle et/ou intellectuelle**, le plus souvent, sans livraison d'un bien.
Par exemple : la vente de vêtements ou d'ordinateurs est une activité commerciale. La retouche de vêtements ou le support informatique sont des prestations de services.

(1) À noter que les seuils et modifications éventuelles de taux pour 2021 n'étaient pas encore publiés à la date de mise à jour de la présente édition.
(2) La notion de profession libérale est définie à l'article 29 I de la loi du 22 mars 2012 relative à la simplification du droit et à l'allègement des démarches administratives.

QUI PEUT BÉNÉFICIER DU RÉGIME D'AUTO-ENTREPRENEUR ?

Même si les conditions d'inscription et les formalités applicables au régime de l'auto-entrepreneur sont simplifiées, toutes les activités professionnelles ne peuvent être exercées en auto-entrepreneur.

Quant aux activités pouvant être exercées en auto-entrepreneur, certaines restent soumises à l'obligation de détenir des qualifications professionnelles spécifiques (diplôme par exemple).

1 - QUI PEUT DEVENIR AUTO-ENTREPRENEUR ?

• Toute personne physique, de plus de 18 ans, exerçant à titre individuel, de nationalité française ou régulièrement autorisée à résider et travailler en France peut en principe devenir auto-entrepreneur.

• L'activité d'auto-entrepreneur peut être exercée en tant qu'activité principale (lancement d'une activité commerciale) ou en activité complémentaire (salarié développant une activité connexe, ou retraité souhaitant un complément de revenus).

• Par ailleurs, une personne en difficulté économique, ou même bénéficiant d'un plan de surendettement de la Banque de France pour ses dettes personnelles peut devenir auto-entrepreneur sous réserve de pouvoir poursuivre les remboursements prévus dans son plan. *(Source : réponse ministérielle Salles, JOAN 6 avril 2010, question n° 62294).*

• Enfin, les professionnels libéraux affiliés à la CIPAV pour la retraite (architectes, psychologues, etc.) et certains professionnels affiliés au régime des indépendants (agents commerciaux, moniteurs d'auto-école) peuvent bénéficier du régime d'auto-entrepreneur.

2 - LES ACTIVITÉS POUVANT ÊTRE EXERCÉES

• De très nombreuses catégories d'activités peuvent être exercées sous le régime de l'auto-entrepreneur. Certaines activités peuvent être exercées sans qualification ni diplôme particulier. D'autres activités sont néanmoins soumises à l'obtention préalable d'un diplôme ou d'une qualification professionnelle.

Ainsi, les métiers artisanaux, du bâtiment, de l'alimentaire, du sport (encadrants, pratiquants du sport), la coiffure à domicile, l'esthétique, etc. doivent être exercés (ou contrôlés) par une personne titulaire d'un diplôme de niveau égal ou supérieur au CAP, ou bénéficiant d'une expérience professionnelle dans cette activité d'au moins trois ans.

• Certaines professions du domaine de la santé peuvent être exercées en auto-entrepreneur, sous réserve de pratiquer de manière indépendante : ergothérapeute, psychomotricien, psychologue et diététicien.

• Avant tout lancement d'activité en auto-entrepreneur, il est recommandé de se renseigner sur les conditions relatives à la qualification professionnelle. Ces renseignements peuvent être obtenus auprès des chambres de commerce, ou auprès des ordres ou organisations professionnels.
Enfin, d'autres conditions peuvent s'appliquer à l'activité envisagée, notamment le respect de normes techniques professionnelles.

3 - L'ENTREPRENEUR EN ACTIVITÉ : PEUT-IL OPTER POUR LE RÉGIME DE LA MICRO-ENTREPRISE ?

• Un entrepreneur en activité peut opter pour le régime de l'auto-entrepreneur, sous réserve de remplir les conditions préalables pour être auto-entrepreneur. Par contre, s'il est déjà immatriculé au registre du commerce ou des métiers, il ne pourra se désinscrire. Un entrepreneur en activité peut ainsi opter pour le statut d'auto-entrepreneur afin de bénéficier du régime microsocial simplifié. Ce régime permet le versement libératoire des cotisations. Toutes les autres conditions applicables à l'auto-entrepreneur sont applicables (seuil de chiffre d'affaires, imposition simplifiée).

• La demande pour bénéficier du régime de micro-entrepreneur doit être faite par écrit auprès de la caisse de base du régime social des indépendants à laquelle l'entrepreneur est affilié. Cette demande doit être faite au plus tard le 31 décembre de l'année précédant celle au cours de laquelle le statut d'auto-entrepreneur s'appliquera. Ainsi, pour une application à compter du 1er janvier 2021, la demande doit être faite avant le 31 décembre 2020.

FICHE 4 QUI NE PEUT PAS BÉNÉFICIER DU RÉGIME D'AUTO-ENTREPRENEUR ?

Même si les conditions d'inscription et les formalités applicables au régime de l'auto-entrepreneur sont simplifiées, toutes les activités professionnelles ne peuvent être exercées en auto-entrepreneur.

1 - QUI NE PEUT PAS DEVENIR AUTO-ENTREPRENEUR ?

• Le statut d'auto-entrepreneur est réservé aux entrepreneurs individuels, personnes physiques et non aux personnes morales (sociétés, associations).

• Les mineurs de moins de 18 ans ne peuvent bénéficier du régime d'auto-entrepreneur. Toutefois, les articles L 121-2 du Code de commerce et 413-8 du Code civil disposent qu'un mineur émancipé peut être commerçant. L'article 388-1-2 du Code civil dispose qu'un mineur âgé de seize ans révolus peut être autorisé à créer et gérer une EIRL ou une société unipersonnelle. Dès lors, sous les réserves mentionnées, les mineurs de moins de 18 ans peuvent créer et gérer leur entreprise sous le statut d'auto-entreprise à responsabilité limitée (AERL, voir détails fiche n° 26).

• Enfin, les personnes de nationalité étrangère (hors Union européenne) et ne disposant pas des autorisations pour résider et travailler en France ne peuvent exercer d'activité en tant qu'auto-entrepreneur.

2 - LES ACTIVITÉS EXCLUES DU RÉGIME

Les auto-entrepreneurs relèvent du régime social des indépendants. Certaines activités ne peuvent donc être exercées en auto-entrepreneur.

• Ainsi, les activités suivantes sont exclues du régime de l'auto-entrepreneur :
- les activités agricoles rattachées au régime social de la mutuelle sociale agricole, y compris si elles sont déclarées auprès de la chambre de commerce et d'industrie ou de la chambre de métiers et de l'artisanat (ex. : les exploitants agricoles, paysagistes, l'activité d'entretien de jardins, etc.) ;
- les activités artistiques rémunérées par des droits d'auteur, c'est-à-dire les artistes-auteurs relevant de la Maison des artistes ou de l'Agessa. Cependant, les artistes rémunérés en honoraires, relevant des professions libérales peuvent exercer sous le régime de l'auto-entrepreneur ;
- la production littéraire, scientifique ou artistique ;
- la location de matériels et de biens de consommation durable, sauf lorsqu'elle présente un caractère accessoire et connexe ;

– la location d'immeubles non meublés ou professionnels (ex. : l'activité de marchands de biens immobiliers, les lotisseurs et agents immobiliers) ;
– la vente de véhicules neufs dans les autres États membres de l'UE ;
– les activités relevant de la TVA immobilière : activité de marchands de biens, lotisseur, agent immobilier, opérations sur les parts de sociétés immobilières.

En revanche, les activités immobilières suivantes peuvent être exercées en auto-entrepreneur : location de fonds de commerce, location de locaux meublés ou destinés à être meublés.

– certaines opérations financières : les opérations sur les marchés à terme, les opérations sur les marchés d'options négociables et les opérations sur bons d'options ;
– les activités libérales qui relèvent d'une caisse de retraite autre que la Cipav ou le RSI. Les professions juridiques et judiciaires : notaires, officiers ministériels, publics et des compagnies judiciaires (ex. : avoués près les cours d'appel, huissiers de justice, commissaires priseurs judiciaires, etc.), avocats ;
– les professions de la santé (ex. : médecins, chirurgiens dentistes, pharmaciens, sages-femmes, infirmiers, masseurs-kinésithérapeutes, pédicures-podologues, orthophonistes, orthoptistes, vétérinaires, etc.) ;
– les agents généraux et d'assurances, experts-comptables, commissaires aux comptes.

Suppression du RSI : depuis le 1er janvier 2018, la protection sociale des travailleurs indépendants est désormais gérée par la Sécurité sociale (régime général). Une période transitoire de 2 ans est prévue pour l'intégration de la sécurité sociale des indépendants au régime général. Depuis 2020, tous les travailleurs indépendants sont gérés par la CPAM.(1)

• Cependant, les architectes libéraux par exemple peuvent exercer leur activité en auto-entrepreneur.
Il convient donc de s'adresser à l'organisation ou à l'ordre professionnel dont relève l'activité libérale pour de plus amples renseignements, notamment dans la mesure où ce domaine évolue rapidement.
• Il est par ailleurs possible d'exercer l'activité d'auto-entrepreneur à titre accessoire, par exemple en parallèle avec une activité salariée (sous réserve de ne pas faire de concurrence déloyale à son employeur) ou dans la fonction publique (voir les conditions applicables), sauf dans les cas suivants :
– les salariées en congé maternité (mais possible à l'issue du congé) ;
– les salariés en congé parental d'éducation (possible à l'issue du congé).

(1) Source : www.secu-independants.fr

FICHE 5 LES PRÉALABLES À LA CRÉATION DE LA MICRO-ENTREPRISE

Le projet de lancer une activité en auto-entrepreneur suppose que certaines conditions préalables aient été remplies.
Certaines de ces conditions sont obligatoires. D'autres conditions, bien que non-impératives, répondent à des logiques de bon sens si l'on veut s'assurer que l'activité se développe et devienne pérenne.

1- LES CONDITIONS OBLIGATOIRES

• Tout d'abord, le candidat à la micro-entreprise doit être de nationalité française, ou ressortissant d'un État membre de l'Union européenne et autorisé à travailler en France, ou s'il est étranger (non Européen) être titulaire des documents l'autorisant à résider et travailler en France.
• L'exercice d'une activité en tant qu'auto-entrepreneur ne dispense pas de l'obtention préalable des diplômes ou qualifications professionnelles nécessaires. En l'absence du diplôme ou des qualifications professionnelles requises, il ne sera pas possible d'exercer ces activités.

Liste des activités soumises à qualification professionnelle (non exhaustif)[1]

Autorisation, Titre ou Diplôme	Activité
Agrément de la Direction action sanitaire et sociale	Ambulance
Brevet professionnel / Brevet de maîtrise	• Coiffure en salon • Optique
CAP	Coiffure à domicile
CAP ou 3 années d'expérience professionnelle	• Construction, entretien, réparation de bâtiment • Entretien et réparation de véhicules et machines • Maréchal-ferrant • Mise en place, entretien, réparation des réseaux et équipements utilisant les fluides et des matériels et équipements destinés à l'alimentation en gaz, chauffage des immeubles et installations électriques • Préparation ou fabrication de produits frais de bouche • Ramonage • Soins esthétiques à la personne (hors soins médicaux et paramédicaux)

(1) Source : cfe-metiers.com

Liste des activités (suite)

Autorisation, Titre ou Diplôme	Activité
Certificat de capacité professionnelle et autorisation de stationnement	Taxi
Capacité à l'exercice de transport public routier de personnes ou de marchandises et attestation d'inscription au registre des transporteurs	• Transport de personnes • Transport de marchandises
Carte professionnelle et inscription au registre des VTC	Voiture de transport avec chauffeur (VTC)

2 - LES AUTRES CONDITIONS PRÉALABLES

• Il existe d'autres conditions qui doivent permettre au candidat auto-entrepreneur de préparer le lancement de son activité. Ainsi, le lancement de toute activité nécessite de réaliser au préalable une étude de marché :

– le produit ou le service répondent-ils à un besoin identifié ?
– quel est le marché/la clientèle cible ?
– l'entrepreneur a-t-il déjà des connaissances dans le domaine ?
– à quel prix le produit ou service pourra-t-il être commercialisé ?
– quelle sera la marge ?
– les produits sont-ils soumis à une réglementation particulière (normes de sécurité, durée limite de consommation, limitations en termes de publicité, etc.) ?
– le produit ou le service répond-il à un phénomène de mode ou bien sa durée de vie commerciale est-elle envisagée pour le long terme ?
– l'activité nécessite-t-elle du personnel ?
– le lancement nécessite-t-il un investissement important ?

• Il est donc recommandé de s'informer au préalable afin d'être en mesure de répondre à toutes ces questions dans un plan de développement (ou *business plan*). L'exercice de rédaction d'un plan de développement doit permettre d'identifier de manière systématique les points forts et les points faibles du projet, et permettre de se lancer avec des objectifs précis. Ce plan ou cette étude de marché permettra également de réorienter le projet au cas où, par exemple, il s'avérerait que les besoins en investissement et/ou en personnel ne soient pas compatibles avec la micro-entreprise compte tenu des seuils de chiffre d'affaires.

• À noter que le droit à l'accompagnement à la création d'entreprise est désormais intégré dans le compte personnel des salariés, et est ouvert aux indépendants depuis 2019 (voir le site : www.moncompteactivité.gouv.fr).

FICHE 6 COMMENT SE DÉCLARER AUTO-ENTREPRENEUR ?

1 - LES FORMALITÉS DE DÉCLARATION

• La déclaration en tant qu'auto-entrepreneur se fait en ligne, en créant un compte sur le site www.autoentrepreneur.urssaf.fr, ou sur www.guichet-entreprises.fr.
La déclaration est ensuite traitée par le Centre de formalité des entreprises (CFE) compétent (voir p. 6).

• Le candidat auto-entrepreneur doit remplir un imprimé unique et simplifié de déclaration de début d'activité auquel devra être joint un justificatif d'identité (copie de la carte d'identité, du passeport, de la carte de séjour, etc.).

• Au cas où le candidat auto-entrepreneur n'aurait pas de copie électronique de justificatif d'identité, la déclaration pourra être faite comme suit : soit la déclaration pourra être faite directement auprès du CFE du département de résidence du candidat, et une photocopie de la pièce d'identité sera jointe à la déclaration ; soit la déclaration pourra être faite en ligne, puis sera imprimée, signée et envoyée par voie postale au CFE compétent, accompagnée d'une photocopie de la pièce d'identité. Un e-mail de confirmation est envoyé dès réception du dossier.

• La déclaration en tant qu'auto-entrepreneur déclenche les procédures suivantes :
– demande de délivrance par l'INSEE d'un numéro Siren et Siret (identifiant de l'entreprise) et d'un code APE ;
– déclaration d'activité auprès de la Sécurité sociale des indépendants, comportant l'option pour le régime du microsocial simplifié ;
– déclaration d'activité aux services fiscaux.

• Il est précisé que les formalités de déclaration sont gratuites (pas de paiement de taxe, ni de timbre fiscal par exemple).

Attention ! En cas d'erreur dans la saisie des informations lors de la déclaration d'activité en ligne, toute demande de modification devra être faite par la suite par courrier ou en se déplaçant auprès des services de l'administration concernée (Urssaf, Sécurité sociale). Il est donc important d'être bien préparé avant de débuter la procédure d'inscription.

2 - L'IMMATRICULATION AU RCS, AU RM OU À UN REGISTRE PROFESSIONNEL

Depuis la loi PINEL du 18 juin 2014, les auto-entrepreneurs exerçant une activité commerciale ou artisanale, qu'elle soit à titre principal ou complémentaire, ont l'obligation de s'immatriculer. Cette immatriculation est gratuite et effectuée auprès du CFE. Voici quelques spécificités :

Les agents commerciaux

Les **agents commerciaux** peuvent se déclarer en tant qu'auto-entrepreneur, et remplir cette déclaration en ligne. Ils doivent également s'inscrire au registre spécial des agents commerciaux (RSAC) auprès du greffe du tribunal de commerce du ressort de leur domicile. Cette inscription peut être faite en ligne sur le site d'info greffe (www.greffes-formalites.fr).

Les artisans

Les **artisans** exerçant cette activité, à titre principal ou complémentaire, doivent s'immatriculer auprès du répertoire des métiers. À ce titre, ils disposeront d'un extrait D1. Depuis la loi Pinel de juin 2014, les artisans auto-entrepreneurs ne sont plus dispensés de suivre le stage de préparation à l'installation (SPI). Ce stage, payant, est désormais obligatoire pour tous les artisans auto-entrepreneurs. Par ailleurs, la loi Pinel a mis en place un véritable contrôle a priori par les chambres de métiers des qualifications professionnelles artisanales lorsque celles-ci sont obligatoires. Les modalités de ce contrôle ont été précisées par le décret 2015-810 du 2 juillet 2015.

Les commerçants ambulants

Les **commerçants ambulants** (vendeurs sur les marchés) doivent obtenir une carte professionnelle les autorisant à exercer une activité de vente ambulante. La carte professionnelle de commerçant ambulant peut être obtenue auprès de la chambre des métiers pour les artisans ou auprès de la chambre de commerce et d'industrie pour les commerçants. Tout auto-entrepreneur dispose d'un numéro Siret (identifiant d'établissement), Siren et un code APE (activité principale de l'entreprise), communiqués par l'INSEE.

La domiciliation

La domiciliation consiste, pour une entreprise qui ne dispose pas de locaux pour exercer son activité, à déclarer son adresse, ou son siège social, auprès d'une société spécialisée dans la domiciliation (le domiciliataire). Pour être domicilié ou exercer l'activité de domiciliation (être domiciliataire), l'auto-entrepreneur doit s'immatriculer au RCS. Le domiciliataire doit, en outre, obtenir un agrément délivré par le préfet du département où est situé le siège social de l'entreprise de domiciliation. À Paris, cet agrément est délivré par le Préfet de police.

LES AIDES ET SUBVENTIONS À LA CRÉATION

1 - AUTO-ENTREPRENEUR ET ACRE

• L'aide à la création ou à la reprise d'une entreprise (ACRE) est une aide aux créateurs ou repreneurs d'entreprise. L'Acre consiste en une minoration temporaire de charges sociales (exonération de début d'activité). Elle porte uniquement sur les cotisations à l'assurance maladie, invalidité, décès, aux prestations familiales et à l'assurance vieillesse de base. Les conditions d'attribution de l'Acre ont été modifiées pour les auto-entrepreneurs ayant débuté leur activité en 2020.

2 - QUI EST ÉLIGIBLE ?

Depuis 2019, tous les créateurs ou repreneurs d'entreprises peuvent bénéficier de l'Acre, ainsi que les personnes dans l'une des situations suivantes :
– les bénéficiaires de l'ASS ou du RSA ;
– les jeunes entre 18 et 25 ans ;
– les personnes de moins de 30 ans et reconnues handicapées ;
– les bénéficiaires du PrePare.

3 - LA RÉFORME DE L'ACRE EN 2020

Il existe actuellement 3 situations distinctes :

• Les auto-entrepreneurs ayant débuté leur activité avant le 1er avril 2018 : ils ne sont pas impactés.

• Les auto-entrepreneurs ayant débuté leur activité entre le 1er avril 2018 et le 31 mars 2020 : ils voient les taux réduits des deuxième et troisième années d'Acre modifiés :
– début d'activité à compter du 1er avril 2018 : application d'un taux réduit à 90 % (au lieu de 75 %) à compter de la 3e année d'Acre ;
– début d'activité à compter du 1er avril 2019 : application d'un taux réduit à 75 % (au lieu de 50 %) pour la 2e année et 90 % pour la 3e année.

• Les auto-entrepreneurs ayant débuté leur activité depuis le 1er avril 2020 : ils bénéficient d'un taux de cotisation minoré jusqu'à la fin du 3e trimestre civil suivant le début de l'activité.

Activité	Taux de cotisation (avec un début d'activité après le 01/04/2020)[1]	
	Jusqu'à la fin du 3e trimestre civil suivant le début de l'activité	À partir du 4e trimestre d'activité
Vente de marchandises : • fourniture de denrées à emporter ou à consommer sur place • fourniture de logement (hôtels, chambres d'hôtes, gîtes ruraux ou meublés de tourisme) (BIC)	6,4 %	12,8 %
Prestations de services commerciales ou artisanales (BIC) et autres prestations de services (BNC)	11 %	22 %
Activités libérales (BNC) (CIPAV)	12,1 %	2 %
Location de meublés de tourisme classés	3,3 %	6 %

Source : www.autoentrepreneur.urssaf.fr

4 - LES CONDITIONS DE L'EXONÉRATION

• L'aide est réservée aux créateurs d'une activité non salariée, sous réserve que les revenus d'activité soient inférieurs à 41 136 €. Pour les revenus compris entre 30 852 € et 41 136 €, le montant de l'exonération est calculé comme suit :

(cotisations dues pour 30 852/10 284) × (41 136 – revenu)

• À partir du 4e trimestre d'activité, les taux normaux s'appliquent (voir tableau). L'exonération est totale lorsque les revenus sont inférieurs à 30 852 € en 2020.

5 - LES AUTRES AIDES

• Un **demandeur d'emploi** qui débute une activité d'auto-entrepreneur peut, sous certaines conditions, continuer à percevoir partiellement ses allocations chômage ou obtenir la moitié de son capital d'allocations restant en deux fois.

• La **prime d'activité** est une aide financière accordée par la CAF. Les auto-entrepreneurs peuvent en bénéficier sous les conditions suivantes : être résident en France, Français ou ressortissant d'un État membre de l'UE ou de l'EEE, ou étranger en situation régulière en France depuis au moins 5 ans ; avoir au moins 18 ans ; avoir des revenus professionnels mensuels inférieurs à certains plafonds.

(1) Il convient d'ajouter la contribution à la formation professionnelle (calculée sur le CA) : 0,1 % (commerçants), 0,3 % (artisans) et 0,2 % (prestataires de services et professionnels libéraux) ainsi que la taxe pour frais de Chambre de commerce et d'industrie ou de métiers et de l'artisanat pour les commerçants et artisans.

FICHE 8 LE RÉGIME FISCAL APPLICABLE À LA MICRO-ENTREPRISE

Le statut d'auto-entrepreneur permet de bénéficier du régime fiscal de la micro-entreprise.

1 - LE RÉGIME FISCAL DE LA MICRO-ENTREPRISE

• Le régime fiscal de la micro-entreprise est réservé exclusivement aux personnes physiques exerçant en entreprise individuelle (donc aux auto-entrepreneurs). Il s'applique automatiquement si les conditions applicables au régime de l'auto-entrepreneur sont réunies. L'entrepreneur peut opter pour la détermination de son résultat selon le régime réel.

• Le régime fiscal de la micro-entreprise comprend les éléments suivants :

- une franchise de TVA : elle peut s'appliquer à une entreprise lorsque le chiffre d'affaires est inférieur aux plafonds du régime fiscal de la micro-entreprise, et que l'exploitant n'opte pas pour le paiement de la TVA. L'auto-entrepreneur ne facture pas la TVA à ses clients. En contrepartie, il ne peut récupérer la TVA facturée par les fournisseurs.
  L'auto-entrepreneur peut néanmoins opter pour la TVA. Dans ce cas, il ne pourra bénéficier du régime fiscal de la micro-entreprise ;
- un abattement forfaitaire lors du calcul du résultat de l'entreprise ;
- des obligations comptables et déclaratives simplifiées.

• L'auto-entrepreneur devient redevable de la TVA, au-delà d'un seuil de chiffre d'affaires de 94 300 € (vente de marchandises) ou de 36 500 € (prestation de services).

• La cotisation financière des entreprises (CFE) est due à compter de la 2e année d'activité (sauf pour certaines activités, exonérées). La CFE est calculée sur la base de la valeur locative des lieux professionnels et du montant du chiffre d'affaires réalisé. Ainsi, les auto-entrepreneurs qui ont débuté leur activité en 2020 sont redevables de cette taxe à compter de 2021 (sous réserve de réaliser un chiffre d'affaires annuel supérieur à 2 000 €).

• Le régime fiscal de la micro-entreprise ne peut s'appliquer aux activités exclues, telles les activités relevant de la TVA agricole, les activités relevant de la TVA immobilière, etc.

Ces activités exclues ne permettent pas non plus de les exercer sous le régime de la micro-entreprise. Pour plus d'informations, voir la fiche n° 4.

2 - LES RÈGLES D'IMPOSITION DE LA MICRO-ENTREPRISE (RÉGIME DU MICROFISCAL)

• Ces règles s'appliquent de droit, sauf si l'entrepreneur a opté pour le régime du versement libératoire de l'impôt sur le revenu (voir la fiche n° 9).

• Le chiffre d'affaires et les recettes réalisés par la micro-entreprise pendant l'année civile doivent être déclarés sur la déclaration de revenu du foyer fiscal. Un abattement forfaitaire, correspondant aux charges, est ensuite appliqué par l'administration fiscale. L'abattement s'élève à 71 % pour les micro-entreprises de vente de marchandises ; 50 % pour les micro-entreprises de prestation de services (BIC) ; 34 % pour les activités non commerciales (libérales) (BNC). Abattement minimum : 305 €.
Attention ! Ces taux sont susceptibles d'évoluer.

• Le chiffre d'affaires après abattement sert d'assiette pour l'application du barème progressif de l'impôt sur le revenu. L'impôt est payé soit par tiers, soit mensuellement, l'année suivant celle de la réalisation du chiffre d'affaires déclaré. Depuis le 1er janvier 2011, les auto-entrepreneurs doivent effectuer une déclaration à « 0 euro » les mois ou trimestres (selon la périodicité choisie au lancement de l'activité) où ils n'auront rien encaissé. À défaut, l'auto-entrepreneur pourra être sanctionné par l'administration.

3 - QUAND OPTER POUR LE RÉGIME FISCAL DE LA MICRO-ENTREPRISE ?

• La déclaration d'activité d'auto-entrepreneur entraîne automatiquement l'application du régime microfiscal.

• En cas de création de l'entreprise individuelle sous le régime fiscal de la micro-entreprise avec immatriculation au registre du commerce et des sociétés ou au répertoire des métiers, il est possible d'opter pour le régime microsocial simplifié dans les 3 mois suivant le début d'activité, pour une application immédiate, ou au plus tard le 31 décembre de l'année en cours pour une application l'année suivante.

• Un travailleur indépendant déjà en activité peut opter pour le régime fiscal de la micro-entreprise au plus tard le 31 décembre de l'année en cours pour une application l'année suivante.

FICHE 9 LA DÉCLARATION DU CHIFFRE D'AFFAIRES RÉALISÉ ET LE PAIEMENT DES COTISATIONS ET DE L'IMPÔT

1 - L'ASSIETTE DES REVENUS DE L'AUTO-ENTREPRENEUR

• L'auto-entrepreneur exerce en franchise de TVA (sous réserve de ne pas dépasser certains seuils de chiffres d'affaires, voir fiches 8 et 16). Il ne facture pas la TVA à ses clients et ne peut la récupérer sur ses achats de fournitures.

• Les charges telles que loyer, frais de téléphone, achats de fournitures, ne peuvent être déduites du chiffre d'affaires. En outre, l'auto-entrepreneur ne peut déduire ses frais professionnels (frais de déplacement par exemple) de ses revenus.

• En application du régime fiscal de la micro-entreprise, l'assiette des revenus porte donc sur l'intégralité des sommes facturées aux clients et encaissées par l'auto-entrepreneur, sans déduction.

2 - LE RÉGIME DU MICROSOCIAL SIMPLIFIÉ

La déclaration d'activité d'auto-entrepreneur entraîne automatiquement l'application du régime microsocial simplifié.

Le régime du microsocial simplifié permet de régler les cotisations et contributions sociales sur une périodicité mensuelle ou trimestrielle. Leur montant est calculé en appliquant un taux forfaitaire au chiffre d'affaires réalisé par l'auto-entrepreneur sur la période concernée (mois ou trimestre précédent).

3 - L'OPTION POUR LE VERSEMENT LIBÉRATOIRE DE L'IMPÔT SUR LE REVENU

• L'auto-entrepreneur peut opter pour le versement libératoire de l'impôt sur le revenu. Cette option est soumise à conditions. Le revenu fiscal de référence (2018) ne doit pas dépasser 27 519 € par part de quotient familial pour une application au 1er janvier 2020[(1)]. En cas de dépassement ou si l'option du versement libératoire n'est pas choisie, l'impôt sera calculé et payé selon les règles de droit commun (voir fiche n° 8).

• La demande pour l'application de l'option pour le versement libératoire doit être faite auprès du CFE lors de la déclaration de création de l'activité, ou auprès de l'URSSAF. Le versement libératoire de l'impôt sur le revenu est calculé en appliquant un taux unique sur le chiffre d'affaires. Il s'élève à 1 % (vente de marchandises, location de locaux d'habitation meublés de tourisme classés), 1,7 % (prestation de services-BIC) et 2,2 % (activités libérales-CIPAV). Le paiement de l'impôt a lieu en même temps que les cotisations sociales.

(1) Attention ! Ce plafond peut être revalorisé chaque année. Voir le site www.service-public.fr.

4 - LA DÉCLARATION DU CHIFFRE D'AFFAIRES RÉALISÉ ET ENCAISSÉ

• L'auto-entrepreneur doit remplir le formulaire de déclaration de chiffre d'affaires selon la périodicité choisie (en fin de mois ou de trimestre) et calculer le montant dû en appliquant le taux correspondant.

• La déclaration et le paiement peuvent être faits sur papier ou sur Internet *via* le site www.autoentrepreneur.urssaf.fr. La déclaration et le paiement en ligne sont obligatoires. En cas d'absence de chiffre d'affaires pendant la période applicable (le dernier mois ou trimestre), la déclaration indiquera 0 €. En cas d'absence de CA pendant une période d'au moins deux années civiles consécutives, l'auto-entrepreneur peut être radié.

• À défaut de déclaration effectuée aux dates prévues, l'auto-entrepreneur sera redevable pour chaque déclaration non souscrite d'une pénalité d'un montant de 52 euros (2020).

5 - LA PÉRIODICITÉ DE RÉGLEMENT DES COTISATIONS, CONTRIBUTIONS SOCIALES ET IR

• Le versement des cotisations, contributions sociales et de l'impôt sur le revenu (en cas d'option pour le versement libératoire) peut se faire selon une périodicité mensuelle (mois civil, du premier au dernier jour du mois) ou trimestrielle (trimestre civil, du 1er janvier au 31 mars, 1er avril au 30 juin, 1er juillet au 30 septembre et 1er octobre au 31 décembre).

• Le paiement est dû avec un mois de décalage par rapport à la réalisation du CA : périodicité mensuelle : le dernier jour du mois suivant celui pendant lequel le CA a été réalisé ; périodicité trimestrielle : 30 avril, 31 juillet, 31 octobre et 31 janvier.

• Les premières cotisations, contributions sociales et le premier versement libératoire de l'impôt sur le revenu (si applicable), sont dus au plus tôt 90 jours suivant la date de début d'activité.

En cas de cessation de l'activité d'auto-entrepreneur, les dernières cotisations devront être réglées comme suit : pour une périodicité mensuelle, la dernière déclaration portera sur la période comprise entre le début du dernier mois d'activité et la date de cessation. Le paiement sera dû le dernier jour du mois suivant celui pendant lequel le chiffre d'affaires a été réalisé ; pour une périodicité trimestrielle, la dernière déclaration portera sur la période comprise entre le début du trimestre et la date de cessation de l'activité. Le paiement sera dû le 30 avril, le 31 juillet, le 31 octobre ou le 31 janvier, suivant le trimestre considéré.

FICHE 10 LES CHARGES SOCIALES DE L'AUTO-ENTREPRENEUR

Le statut d'auto-entrepreneur est soumis au régime microsocial. Les cotisations sont dues uniquement sur le chiffre d'affaires et les recettes encaissées. L'auto-entrepreneur est affilié à la Sécurité sociale, y compris les professions indépendantes depuis janvier 2018. Son activité permet également de valider des trimestres de retraite.

1 - LE RÉGIME MICROSOCIAL

• Le régime microsocial permet de calculer et de régler les cotisations en un versement unique et libératoire. Les cotisations sont calculées sur le chiffre d'affaires réalisé pendant le mois ou le trimestre précédent. Si l'auto-entrepreneur n'a pas d'activité sur un mois ou un trimestre (suivant la périodicité de la déclaration choisie), il doit faire une déclaration à 0 euro, mais n'a rien à payer.

• Pour valider un trimestre de retraite, l'auto-entrepreneur doit réaliser un chiffre d'affaires annuel minimum, égal au montant du SMIC au 1er janvier de l'année en cause, calculé sur la base de 300 heures. Pour l'année 2019, ces seuils s'élèvent à :

– 4 137 € pour une activité de vente (soit 20 740 € pour valider 4 trimestres de retraite) ;

– 2 412 € pour les prestations de services soumises au régime des BIC (12 030 € pour valider 4 trimestres de retraite) ;

– 2 880 € pour les prestations de services soumises au régime des BNC (activité libérale) (9 675 € pour valider 4 trimestres de retraite) et 2 280 € et 9 118 € respectivement pour les professions libérales règlementées.

2 - LES AVANTAGES DU RÉGIME MICROSOCIAL

• Ce régime permet à l'auto-entrepreneur de connaître exactement ses charges et donc d'adapter ses marges et le prix de revient de ses produits ou services.

• Les déclarations sont faites mensuellement ou trimestriellement, au choix de l'auto-entrepreneur. Les échéances trimestrielles sont fixées au 30 avril, 31 juillet, 31 octobre et 31 janvier.

• Si l'auto-entrepreneur a encaissé des recettes pendant la période, il procède à la déclaration(1) et au paiement des charges correspondantes en fin de période.

• La déclaration est obligatoire, même si le CA est nul.

• Les charges sont payées en fin de période, sur la base des sommes encaissées. Aucun règlement n'est fait d'avance. Le paiement des charges est définitif et libératoire et ne peut faire l'objet de régularisation ultérieure.

(1) La déclaration peut être faite en ligne, sur le site www.autoentrepreneur.urssaf.fr.

3 - LES TAUX DE COTISATION APPLICABLES EN 2020 (1)

Sous réserve d'avoir réalisé un CA et encaissé des recettes pendant le trimestre écoulé, les charges sociales et fiscales sont réglées en un versement unique, selon une périodicité mensuelle ou trimestrielle. Les taux de cotisation sont en légère baisse.

Activité	Taux de charges sociales applicable (2020)	CFP	Taux de charges fiscales applicable	Taxe pour frais de chambre consulaire	Total du versement calculé sur le CA encaissé
Vente de marchandises, objets, fournitures et denrées à emporter ou à consommer sur place ; prestations d'hébergement	12,80 %	0,1	1 %	0,015 % 0,22 % (artisans)	**13,92 %** **13,3 % (artisans)**
Prestations de services soumises au régime des BIC (2)	22 %	0,2 0,3 (artisans)	1,7 %	0,044 % 0,48 % (artisans)	**23,94%** **24,48 % (artisans)**
Prestations de services soumises au régime des BNC (libéral)	22 %	0,2	2,2 %	0 %	**24,4 %**
Location d'habitation meublés de tourisme	6 %			1 %	

4 - CE QUE COUVRENT LES CHARGES SOCIALES

• Le forfait social couvre : la cotisation d'assurance maladie-maternité (et cotisation d'indemnités journalières sauf pour les activités libérales) ; la cotisation d'allocations familiales ; la CSG ; la CRDS ; la cotisation d'assurance vieillesse du régime de base ; la cotisation de retraite complémentaire obligatoire ; la cotisation au régime d'invalidité et de décès et la cotisation à la formation professionnelle (CFP).

• Les ayants-droit de l'entrepreneur sont couverts au même titre que les ayants-droit des travailleurs indépendants. Les informations complémentaires sont disponibles sur le site de la Sécurité sociale des indépendants : www.secu-independants.fr

• Droit à la formation professionnelle : depuis la loi Pinel du 18 juin 2014, l'accès à la formation professionnelle est conditionné au versement de la CFP. Les auto-entrepreneurs qui ont déclaré un CA nul pendant 12 mois consécutifs précédant la demande de prise en charge de la formation ne peuvent plus bénéficier du droit à la formation.

(1) Les taux pour 2021 n'étaient pas encore communiqués lors de l'impression de l'ouvrage.
(2) Y compris la location de locaux d'habitation meublés.

FICHE 11 L'AUTO-ENTREPRENEUR RETRAITÉ ET LES COTISATIONS SOCIALES

Une personne à la retraite peut cumuler une activité d'auto-entrepreneur. Cela permet notamment à la personne retraitée de bénéficier d'un revenu complémentaire à sa pension de retraite.

1 - LES CONDITIONS DU CUMUL (CAS GÉNÉRAL)

Les retraités du régime général, du régime agricole et des régimes alignés peuvent cumuler leur pension et un revenu d'activité sans aucune restriction, la seule condition étant d'avoir liquidé l'ensemble de leurs pensions, à partir de 62 ans s'ils ont cotisé la durée nécessaire pour bénéficier d'une retraite à taux plein, ou à partir de 67 ans.
En revanche, l'auto-entrepreneur retraité qui ne touche pas de retraite à taux plein ou qui n'a pas liquidé l'ensemble des pensions du régime obligatoire ne touchera pas l'intégralité de sa pension retraite. Les conditions dépendent alors du régime de retraite dont relève l'auto-entrepreneur et du domaine d'activité.

2 - LES CONSÉQUENCES DU CUMUL

Les cotisations

• Le retraité qui reprend une activité professionnelle, y compris une activité en auto-entrepreneur, est redevable des cotisations sociales sur les revenus de cette activité au taux et dans les conditions de droit commun.

• Les cotisations d'assurance vieillesse de base et complémentaires sont dues dans les mêmes conditions que pour tout créateur d'entreprise.

Les revenus complémentaires et la pension de retraite

• Les revenus tirés de l'activité d'auto-entrepreneur s'ajoutent à la pension de retraite.
Pour les retraités, anciens salariés du secteur privé ou du secteur public, la pension de retraite ne sera pas affectée par le CA réalisé. En revanche, pour les retraités qui n'étaient pas salariés, la pension pourra être diminuée en cas de dépassement des plafonds de CA figurant au tableau ci-contre.

Retraités non- salariés	1er trimestre	2e trimestre	3e trimestre	4e trimestre
Vente de marchandises (BIC)	4 137 €	7 286 €	10 426 €	20 740 €
Prestation de services (BIC)	2 412 €	4 239 €	6 071 €	12 030 €
Prestation de services/Prof. Lib. Non réglementées (BNC)	2 880 €	5 062 €	7 266 €	9 675 €
Prof. Lib réglementées (BNC)	2 280 €	4 559 €	6 838 €	9 118 €

• Si l'activité exercée en micro-entreprise relève du régime qui verse la pension de retraite, selon le statut de la personne concernée, des droits supplémentaires peuvent venir s'ajouter aux droits existants.

Régime	Pension de base	Retraite complémentaire
Salariés	pas de droits supplémentaires	pas de droits supplémentaires
Artisans	pas de droits supplémentaires	les cotisations versées donnent des droits supplémentaires
Commerçants et industriels	pas de droits supplémentaires	les cotisations versées donnent des droits supplémentaires, sauf en cas de reprise d'une activité
Libéraux	pas de droits supplémentaires	pas de droits supplémentaires

• Si l'activité exercée en micro-entreprise ne relève pas du régime qui verse la pension de retraite (hors avocats retraités), les cotisations versées auprès des régimes de base et complémentaires donnent des droits supplémentaires.

FICHE 12 L'AUTO-ENTREPRENEUR RÉSIDANT DANS UN DÉPARTEMENT D'OUTRE-MER (DOM)

Les résidents des départements d'outre-mer peuvent non seulement bénéficier du régime d'auto-entrepreneur, mais ils bénéficient également de taux de cotisation sociale réduits sur 3 ans.

1 - LES TAUX DE COTISATION SPÉCIFIQUES AUX AUTO-ENTREPRENEURS RÉSIDANT DANS UN DOM

• L'auto-entrepreneur bénéficie d'une exonération ou d'une minoration de cotisations (hors retraite complémentaire), pendant 3 ans à compter de son installation, calculée en fonction de son revenu réel.

Les taux de cotisation sociale applicables (2020)

Artisans, commerçants et professions libérales non réglementées *Professions libérales (CIPAV)*(1)	Début d'activité jusqu'au 7e trimestre civil	Du 8e trimestre civil jusqu'à la fin de la 3e année civile	À compter de la 4e année civile d'activité
Vente de marchandises (BIC)	2,2 % *7,4 %*	6,4 % *11 %*	8,6 % *14,7 %*
Prestations de services commerciales ou artisanales (BIC)	3,7 % *7,4 %*	11 % *11 %*	14,7 % *14,7 %*
Autres prestations de services ou professions libérales (BNC)	3,7 % *7,4 %*	11 % *11 %*	14,7 % *14,7 %*
Location de locaux d'habitation meublés de tourisme classés	1 % *2 %*	3 % *3 %*	4 % *4 %*

Source : URSSAF, *Devenir auto-entrepreneur dans les DOM en 2020* (www.autoentrepreneur.urssaf.fr)

• À cette cotisation s'ajoutent la contribution à la formation professionnelle (CFE) et la taxe pour frais de Chambre de commerce et d'industrie ou de chambre des métiers et de l'artisanat.

• Sous réserve d'avoir réalisé un CA et encaissé des recettes pendant le trimestre écoulé, les charges sociales et fiscales sont réglées en un versement unique, selon une périodicité mensuelle ou trimestrielle. Les taux 2020 sont les suivants :

(1) Professions libérales relevant de la CIPAV : chiffres en italiques.

Activité	Charges sociales	CFP	Charges fiscales[2]	Taxe pour frais de chambre consulaire	Total du versement calculé sur le CA encaissé
Vente de marchandises, objets, fournitures et denrées à emporter ou à consommer sur place ; prestations d'hébergement	8,6 %	0,1 %	1 %	0,015 % 0,22 %[3]	9,71 % 9,92 %[3]
Prestations de services (BIC)	14,7 %	0,2 % 0,3 %[3]	1,7 %	0,044 % 0,48 %[3]	16,64 % 17,18 %[3]
Prestations de services (BNC)	14,7 %	0,2 %	2,2 %	0 %	17,1 %
Location de locaux d'habitation meublés de tourisme classés	6 %		1 %		7 %

2 - LA FRANCHISE DE TVA DANS LES DOM

- L'auto-entrepreneur bénéficie d'une franchise de TVA jusqu'à un chiffre d'affaires de 110 000 € (vente de marchandises) ou 60 000 € (prestation de services).
- Le calcul des seuils de franchise de TVA est réalisé comme suit :

Vente de marchandises	100 000 € de CA année n – 1 ou 110 000 € de CA année n – 1 si CA de l'année n – 2 < 100 000 €
Prestations de services	50 000 € de CA année n – 1 ou 60 000 € de CA année n – 1 si CA de l'année n – 2 < 50 000 €

Source : URSSAF, *Devenir auto-entrepreneur dans les DOM en 2020* (www.autoentrepreneur.urssaf.fr)

À noter que la TVA n'est pas applicable en Guyane.

3 - LES AUTRES OBLIGATIONS

Les autres obligations applicables aux auto-entrepreneurs, notamment, les catégories d'activités pouvant et ne pouvant être exercées en micro-entreprise, les seuils de chiffre d'affaires, les modalités de déclarations, ainsi que les cumuls entre une activité professionnelle (salariée ou dans la fonction publique) et une activité d'auto-entrepreneur, etc. s'appliquent de la même façon aux auto-entrepreneurs résidant dans un DOM qu'aux auto-entrepreneurs résidant en métropole.

(2) Pour bénéficier du versement libératoire de l'impôt sur le revenu en 2020, le revenu fiscal de référence de l'année 2018 ne doit pas excéder 27 519 € par part de quotient familial.
(3) Artisans.

FICHE 13 LES OBLIGATIONS COMPTABLES ET ASSURANCES

Même si les formalités liées à l'exercice d'une activité professionnelle sous le régime de la la micro-entreprise sont très allégées, il n'en demeure pas moins que l'auto-entrepreneur doit émettre des factures et tenir une comptabilité. En outre, l'auto-entrepreneur est tenu de souscrire une assurance couvrant sa responsabilité civile professionnelle.

1 - LA FACTURATION

• Toute activité professionnelle d'achat-vente et de prestation de services doit faire l'objet de factures. Cette obligation s'applique également aux auto-entrepreneurs. Les opérations effectuées par un professionnel au profit d'un particulier ne nécessitent pas la délivrance d'une facture. Il est toutefois recommandé de fournir au particulier une pièce comptable (note, ticket, etc.)[(1)].

• La facture est une pièce comptable soumise à un certain formalisme. Toute facture doit comporter des informations obligatoires ayant pour objet d'identifier la société émettrice, le client, le bien ou la prestation facturé(e), la date de la vente ou de la prestation, le montant facturé.

Modèle-type de facture pour une micro-entreprise

Société XXX adresse CP, ville N° Siret	Coordonnées du client Adresse CP, Ville (et adresse de livraison si différente de l'adresse de facturation)
Facture n° et n° du bon de commande	Date de la facture
Identification des produits ou services vendus	
Date de la vente ou de la prestation	
Prix	
Total	NB : TVA non applicable - art. 293B du CGI.[(2)]

Les auto-entrepreneurs qui facturent la TVA doivent obligatoirement utiliser un logiciel de facturation remplissant les conditions fixées au CGI depuis le 1er janvier 2018.[(3)]

2 - LA COMPTABILITÉ

L'auto-entrepreneur doit tenir une comptabilité (les règles sont allégées).

Le livre comptable

L'auto-entrepreneur peut simplement tenir un livre comptable dans lequel seront

(1) Voir notamment art. L 441-3 du Code de commerce, art. 289-I et 256 A du Code général des impôts.
(2) Si les seuils de franchise de TVA n'ont pas été franchis.
(3) Art. 286 3 bis du Code général des impôts.

consignés, de manière chronologique, le montant et l'origine des recettes encaissées au titre de l'activité professionnelle. Il conviendra d'identifier le type de règlement (espèces, chèque, etc.), d'identifier les pièces justificatives (factures, etc.).

Le registre

Lorsque l'activité de l'auto-entrepreneur consiste en la vente de marchandises, objets, fournitures et denrées à consommer sur place ou à emporter, ou à fournir des prestations d'hébergement, il conviendra de tenir un registre dans lequel seront consignés le détail des achats avec le mode de règlement et la référence des pièces justificatives (factures, etc.).

Les factures

L'entrepreneur doit conserver, pendant 10 ans après la clôture de l'exercice, toutes les factures et pièces justificatives relatives aux achats et aux ventes de biens ou de prestations de services.

Le compte bancaire

La loi sur le financement de la Sécurité sociale pour 2015 du 22 décembre 2014 crée l'obligation pour les auto-entrepreneurs de détenir un compte bancaire dédié à leur activité professionnelle dès lors que le CA annuel dépasse 10 000 € sur 2 années civiles consécutives.. Ce compte doit servir à effectuer les transactions nécessaires pour l'activité, telles que l'encaissement des recettes, le paiement des factures, l'obtention d'un crédit.

3 - L'ASSURANCE PROFESSIONNELLE

• L'auto-entrepreneur peut voir sa responsabilité civile professionnelle engagée du fait de ses activités professionnelles. Même si la souscription d'une assurance responsabilité civile professionnelle n'est pas toujours obligatoire, une telle souscription est néanmoins fortement recommandée.

En effet, il est prudent, et parfois obligatoire, de souscrire une assurance professionnelle pour couvrir les risques liés par exemple aux biens vendus (produit défectueux, produit endommagé, etc.), au stockage de marchandises (destruction, vol, etc.), aux conséquences des prestations de services.

• Certaines activités sont soumises à la souscription d'une assurance responsabilité civile professionnelle obligatoire (activités du bâtiment par exemple). De même, certaines organisations et certains ordres professionnels imposent la souscription d'une assurance professionnelle. Afin de connaître les obligations en matière d'assurance professionnelle applicables à l'activité concernée, il est recommandé de se renseigner auprès des chambres de commerce, des chambres des métiers, ou des ordres professionnels.

• La loi Pinel de juin 2014 instaure un contrôle des assurances obligatoires, en permettant aux corps habilités d'exiger la présentation des attestations et en imposant aux auto-entrepreneurs d'en faire mention sur les devis et factures.

FICHE 14 LE CUMUL D'UNE ACTIVITÉ SALARIÉE AVEC UNE MICRO-ENTREPRISE

La micro-entreprise peut être exercée en tant qu'activité principale et exclusive. Elle peut également être exercée par des salariés, notamment à titre complémentaire par rapport à leur activité salariée.
Avant de se lancer dans une activité en complément d'une activité salariée, il convient de s'assurer des conditions de cumul des activités. Par ailleurs, les cotisations versées au titre de l'activité d'auto-entrepreneur viendront en complément de celles versées en tant que salarié.

1 - LES CONDITIONS APPLICABLES AU CUMUL D'UNE ACTIVITÉ SALARIÉE AVEC UNE MICRO-ENTREPRISE

Avant de se lancer dans une activité complémentaire à l'activité salariée, il convient de s'assurer des éléments suivants :

La durée du travail

Un salarié qui cumule plusieurs emplois avec différents employeurs est tenu au respect de la réglementation sur la durée maximale du travail. Un salarié qui souhaite développer une activité en tant qu'auto-entrepreneur sera considéré comme travailleur indépendant pour cette seconde activité, et donc non tenu au respect de la durée maximale du travail. Cependant, il conviendra de prendre en compte des considérations pratiques liées au travail salarié.

■ Exemple

L'emploi salarié est-il exercé à temps plein ou à temps partiel ? Le lieu de travail est-il proche ou éloigné du domicile ou du lieu où le salarié compte exercer son activité d'auto-entrepreneur ? En d'autres termes, le salarié aura-t-il assez de temps à consacrer à son activité d'auto-entrepreneur sans négliger son emploi salarié et sans se mettre en situation délicate vis-à-vis de son employeur ?

L'obligation de loyauté

Les salariés sont tenus à une obligation de loyauté vis-à-vis de leur employeur. Ainsi, dans le cadre du cumul d'activités professionnelles, les salariés ne peuvent exercer une activité concurrente à celle de leur employeur pendant la durée de leur emploi et sous certaines conditions après la fin des relations contractuelles avec l'employeur.

Exemple

Un ingénieur informatique salarié ne pourrait développer une activité parallèle en qualité de consultant informatique indépendant, auto-entrepreneur dans le même domaine, et démarcher les clients de son employeur.

La clause d'exclusivité

Le contrat de travail peut comprendre une clause d'exclusivité, interdisant le cumul de l'activité salariée avec toute autre activité professionnelle, salariée ou non. Ce type de clause peut notamment figurer dans les contrats de travail de cadres dont la durée de travail est fixée en forfait jours.
Dans ce cas, il conviendra de tenter de négocier la levée de l'application de cette clause avant de se lancer dans une seconde activité, afin de ne pas violer les termes du contrat de travail.

Le congé maternité et le congé parental d'éducation

Il n'est pas possible de créer une micro-entreprise pendant une période de congé maternité ou de congé parental d'éducation. Ceci n'est que temporaire et la personne souhaitant créer une micro-entreprise peut mettre en œuvre les démarches à l'issue de son congé.

2 - LE CUMUL D'ACTIVITÉS ET LES COTISATIONS

• L'auto-entrepreneur exerçant cette activité en complément d'une activité salariée doit régler les cotisations fiscales et sociales applicables aux recettes générées par l'activité en micro-entreprise.

• Lorsque l'activité salariée reste l'activité principale :
– l'auto-entrepreneur reste affilié au régime salarié pour l'assurance maladie-maternité (remboursements maladie, prestations maternité/paternité et indemnités journalières) et bénéficie des prestations d'allocations familiales (caisse d'allocations familiales - CAF, ou mutuelle sociale agricole - MSA) ;

– l'auto-entrepreneur acquiert des droits de retraite de base et de retraite complémentaire pour cette activité d'auto-entrepreneur en fonction du chiffre d'affaires généré.

LE CUMUL D'UNE ACTIVITÉ DANS LA FONCTION PUBLIQUE AVEC UNE MICRO-ENTREPRISE

Bien que les agents publics soient soumis à la règle leur interdisant de cumuler leur activité avec une activité privée lucrative, et ce afin de préserver le fonctionnement normal du service public, ils peuvent néanmoins déroger à ce principe général et bénéficier du statut d'auto-entrepreneur dans certaines conditions[1]. Suivant leur situation, les fonctionnaires souhaitant exercer une activité d'auto-entrepreneur en parallèle avec leur activité dans la fonction publique devront demander l'autorisation à leur hiérarchie.

Attention ! La loi « déontologie » du 20 avril 2016 a fortement limité la possibilité pour les agents de la fonction publique et les contractuels de cumuler leur emploi avec une activité privée lucrative.[1]

1 - L'AGENT PUBLIC À TEMPS COMPLET OU À TEMPS PARTIEL

Interdiction pour les temps complets

Désormais, l'agent public à temps complet (ou temps plein) ne peut plus cumuler un ou plusieurs emplois à temps complet et à temps plein. Il ne peut donc créer ou reprendre une entreprise, sauf à faire une demande de travail à temps partiel à son employeur public pour créer ou reprendre une entreprise, ce que l'employeur peut refuser. Le cas échéant, la demande doit être accompagnée d'une « demande préalable de compatibilité du projet de création/reprise d'entreprise » auprès de la Commission de déontologie de la fonction publique (CDFP). L'avis de la CDFP lie l'administration. En cas d'acceptation de la demande par la CDFP et l'employeur, l'agent public ne pourra exercer son emploi public à mi-temps que pendant trois ans au maximum (art. 7 de la loi du 20 avril 2016).

Activités autorisées

Sous réserve des dispositions limitatives de la loi du 20 avril 2016, complétée par le décret n° 2017-105 du 27 janvier 2017, l'agent public à plein temps ou à temps partiel ayant reçu une autorisation de cumul d'activités pourra exercer les activités suivantes[2] : expertises ou consultations ; enseignement ou formations ; services à la personne ; vente de biens fabriqués personnellement ; travaux réalisés chez des particuliers ; activités à caractère sportif ou culturel, y compris encadrement et animation dans les domaines sportif, culturel ou de l'éducation populaire.

(1) Loi n° 83-634 du 13 juillet 1983 modifiée par la loi n° 2016-483 du 20 avril 2016 (Chapitre II - Des cumuls d'activités).

(2) La liste a été étendue par le décret n° 2011-82 du 20 janvier 2011 modifiant le décret n°2007-658 du 2 mai 2007 relatif au cumul d'activités des fonctionnaires, des agents non titulaires de droit public et des ouvriers des établissements industriels de l'État.

Activités autorisées mais limitées dans le temps

• Pour toute activité autre que celles listées précédemment, l'agent public à temps plein ou à temps partiel ayant reçu une autorisation de cumuler son activité avec une micro-entreprise pourra l'exercer (sous réserve que cette activité puisse être exercée dans le cadre de la micro-entreprise – voir la fiche n° 4, avec une limite de temps. L'autorisation est donnée par l'administration pour une durée de deux années, renouvelable une fois pour une année maximum, soit trois années maximum. Cela concerne les créations de micro-entreprises dans les domaines de l'industrie, du commerce, de l'artisanat ou une activité libérale (hors prestations d'expertises ou consultations, comme mentionné plus haut).

• Les autorisations sont données par une commission de déontologie. Cette commission peut assortir l'autorisation de certaines restrictions.

• Pour toute demande de cumul d'activités dans la fonction publique avec une activité d'auto-entrepreneur, le temps partiel est de droit s'il est demandé par l'agent.

2 - L'AGENT PUBLIC À TEMPS INCOMPLET OU À TEMPS NON COMPLET

• Certains agents publics travaillent à temps incomplet (non choisi) ou à temps non complet. Ces agents ne choisissent pas la quotité de leur temps de travail. Pour ces agents, la demande de cumul de leur activité dans la fonction publique avec celle d'auto-entrepreneur n'est soumise qu'à déclaration préalable auprès de leur administration. L'activité privée et lucrative d'auto-entrepreneur n'est en principe pas limitée dans le temps, quel que soit son objet, mais sous réserve que cette activité puisse être exercée dans le cadre de la micro-entreprise.

• L'administration peut s'opposer à la poursuite de l'activité de l'auto-entrepreneur si cette activité perturbe le bon fonctionnement du service, ou encore si cette activité porte atteinte à la dignité des fonctions exercées par l'agent.

3 - LES MILITAIRES EN ACTIVITÉ

Depuis la publication de la loi du 5 janvier 2011, les militaires en fin de carrière, à savoir les militaires « se retrouvant à moins de deux ans de la limite d'âge de leur grade, les officiers sous contrat et les militaires engagés se trouvant à moins de deux ans de la limite de la durée des services ainsi que les militaires en congé de reconversion » pourront, sur demande agréée, créer une activité en tant qu'auto-entrepreneur. Cette nouvelle législation vise à faciliter la reconversion des militaires de carrière[1].

(1) Loi n° 2011-14 du 5 janvier 2011 relative à la reconversion des militaires et son décret d'application du 27 avril 2012.

FICHE 16 DÉFINITION DES SEUILS DE CHIFFRE D'AFFAIRES, CALENDRIERS ET CALCULS

1 - LA DÉTERMINATION DES SEUILS DE CA

Les seuils de chiffres d'affaires (CA) selon les catégories d'activités

Le régime de l'auto-entrepreneur est soumis à des seuils de CA annuels permettant de bénéficier du régime fiscal de la micro-entreprise.

- Vente de marchandises : 176 200 €. Cette catégorie comprend les achats de biens pour revente ; la fabrication d'un produit à partir de matières premières pour revente ; la vente de denrées à consommer sur place ; l'hébergement.
- Prestations de services : 72 600 €. Cette catégorie comprend les prestations sur un bien fourni par le client (réparation d'un bien) ; la vente de biens incorporels ; les travaux immobiliers ; la location meublée y compris la location meublée à la journée, à la semaine ou au mois (de type « airbnb »).(1)

Les seuils de franchise ou base de TVA

Les seuils d'exonération de TVA s'appliquent indépendamment des seuils de CA permettant de bénéficier du régime de la micro-entreprise. Les seuils de franchise de TVA sont fixés pour 2020 à 94 300 € de CA (vente de marchandises) et 36 500 € (prestation de services).

Le cumul d'activités et la détermination des seuils applicables

En cas de cumul d'activités, le chiffre d'affaires total réalisé pour continuer à bénéficier du régime de la micro-entreprise ne doit pas dépasser le seuil de 176 200 €, dont au maximum 72 600 € au titre des prestations de services.

2 - LE DÉPASSEMENT DU CA MAXIMUM

- Le dépassement des seuils de CA pendant deux années civiles consécutives entraîne la sortie du régime à compter du 1er janvier de l'année suivante.

Tableau de dépassement des seuils(2)

	Période de tolérance (seuils majorés de franchise de TVA)	Basculement dans le régime de l'entreprise individuelle
Activité commerciale (vente et hébergement)	CA entre 94 300 € et 176 200 €	CA supérieur à 176 200 €
Prestation de services et professions libérales	CA entre 36 500 € et 72 600 €	CA supérieur à 72 600 €

• Depuis le 1er janvier 2018, les règles de franchissement de seuil du régime micro-fiscal ont évolué et ne sont plus alignées sur celles de la franchise de TVA(1). Il existe donc désormais deux seuils distincts :

– les seuils de franchise de TVA : le franchissement de ces seuils entraîne l'assujettissement de l'auto-entrepreneur à la TVA dès le 1er jour du mois de dépassement. L'auto-entrepreneur facturera de la TVA et supprimera la mention « TVA non-applicable - art. 293B du GCI » de ses factures. Il pourra par ailleurs récupérer la TVA sur ses charges à partir de cette date ;
– les seuils de CA (fixés HT). Le franchissement de ces seuils entraîne la sortie du dispositif d'auto-entreprise à compter du 1er janvier de l'année suivante.

L'auto-entrepreneur bascule alors dans le régime commun de l'entreprise individuelle.

• Lors de la première année d'activité, les seuils sont calculés au prorata de l'exercice sur l'année civile.

3 - CALCULER LES SEUILS DE CA PAR RAPPORT AU CALENDRIER

• Le CA se calcule sur la base de l'année civile, du 1er janvier au 31 décembre. En cas de démarrage d'une activité en cours d'année, le CA sera calculé au *prorata temporis*, sur le nombre de mois restant pour l'année en cours.

Exemple

Un auto-entrepreneur qui débute son activité de vente le 1er avril 2021(2) pourra réaliser un CA ne dépassant pas 132 150 € pour l'année 2021 :

(176 200 / 12 × 9 = 132 150).

Un auto-entrepreneur qui débute son activité de prestation de services le 1er septembre 2021 pourra réaliser un CA ne dépassant pas 24 200 € en 2021 :

(72 600 / 12 × 4 = 24 200).

Si l'auto-entrepreneur souhaite continuer à bénéficier de ce régime, il devra s'assurer que son CA reste dans la limite annuelle de 176 200 € (ou une moyenne de 14 683 € par mois) pour les activités de vente ou de 72 600 € (ou 6 050 € par mois) pour les prestations de services, ou dans la limite des nouveaux seuils lorsque ceux-ci seront réévalués. Par contre, si ces limites sont dépassées, il ne pourra plus bénéficier du régime de la micro-entreprise (voir ci-dessus).

(1) Voir www.service-public.fr/professionnels-entreprises.

(2) Chiffres applicables en 2020. Les seuils majorés de franchise de TVA pour 2021 n'étaient pas encore publiés à la date de mise à jour de l'ouvrage.

L'EXERCICE DE L'ACTIVITÉ D'AUTO-ENTREPRENEUR

Les auto-entrepreneurs ont des activités très diverses puisque le régime profite autant aux vendeurs qu'aux prestataires de services, aux commerçants individuels, aux artisans et aux prestataires exerçant en profession libérale. Les besoins sont donc également très variés : les vendeurs devront généralement stocker de la marchandise, d'autres auto-entrepreneurs fabriqueront ou transformeront les biens à vendre, et d'autres fourniront une prestation, à distance ou chez le client.

La présente fiche a pour objet de répondre à quelques questions pratiques que se posent les auto-entrepreneurs. Il ne s'agit pas d'une liste exhaustive, mais de réponses aux questions les plus fréquemment posées.

1 - L'AUTO-ENTREPRENEUR PEUT-IL ÊTRE TITULAIRE D'UN BAIL COMMERCIAL POUR EXERCER SON ACTIVITÉ ?

Les baux commerciaux sont régis par les articles L145-1 à L145-60 du Code de commerce. L'une des conditions pour bénéficier des particularités des baux commerciaux est l'inscription du locataire au registre du commerce ou au répertoire des métiers. L'auto-entrepreneur pourra signer un bail commercial si le propriétaire est d'accord pour soumettre le contrat aux règles des baux commerciaux. Dans le cas contraire, l'auto-entrepreneur pourra signer le contrat de bail mais ne pourra bénéficier des avantages liés à ce type de contrat, tels le droit au renouvellement du bail à son échéance.

La signature d'un bail commercial par l'auto-entrepreneur présente cependant des risques : outre l'impact financier, le bail commercial est conclu pour des durées triennales fermes (3/6/9 ans). En cas de cessation d'activité avant l'échéance, l'auto-entrepreneur sera en principe redevable des loyers jusqu'à la fin de la période triennale en cours.

2 - L'AUTO-ENTREPRENEUR PEUT-IL EXERCER SON ACTIVITÉ À DOMICILE ?

La possibilité d'exercer son activité à domicile est en principe possible, mais dépend de plusieurs facteurs.

S'il habite une maison (hors lotissements), l'activité pourra être exercée au domicile sous réserve de ne pas perturber la tranquillité des voisins (nuisances diverses).

S'il habite un appartement ou une maison en lotissement, il faudra s'assurer que le bail (en cas de location) et le règlement de copropriété ne limitent pas l'exercice d'une activité professionnelle, l'activité ne doit pas perturber la tranquillité des voisins.

3 - L'AUTO-ENTREPRENEUR PEUT-IL EMBAUCHER DU PERSONNEL ?

L'auto-entrepreneur est un entrepreneur individuel. À ce titre, il ne peut embaucher de personnel. Par contre, l'auto-entrepreneur dont l'activité consiste en prestations de services peut fournir ses services à une entreprise (en qualité de consultant indépendant par exemple, voir fiche 21).

4 - L'AUTO-ENTREPRENEUR PEUT-IL AVOIR DES ASSOCIÉS ?

Comme mentionné ci-dessus, l'auto-entrepreneur est un entrepreneur individuel. Au cas où l'entrepreneur souhaiterait développer une activité avec des associés, il conviendra alors d'opter pour la création d'une entreprise (SAS, SARL, etc.). Plusieurs auto-entrepreneurs peuvent cependant travailler en coopération, ou en réseau sous réserve que chacun reste indépendant.

5 - L'AUTO-ENTREPRENEUR PEUT-IL CRÉER PLUSIEURS MICRO-ENTREPRISES ?

Un auto-entrepreneur ne peut créer qu'une seule micro-entreprise, même s'il exerce plusieurs activités distinctes sous ce régime. En effet, la création de plusieurs micro-entreprises permettrait de contourner les seuils de chiffre d'affaires applicables en répartissant les activités sur plusieurs micro-entreprises pour bénéficier d'un régime plus favorable que le régime de droit commun.

6 - L'AUTO-ENTREPRENEUR PEUT-IL DÉDUIRE SES FRAIS PROFESSIONNELS ?

Les calculs des seuils de chiffre d'affaires et des cotisations et taxes sont forfaitaires. L'auto-entrepreneur ne peut déduire ses frais, tels les frais d'essence, les frais kilométriques, les repas, les frais de déplacement, ni la TVA sur les achats. Il convient donc d'être particulièrement vigilant quant au montant des charges d'exploitation de l'activité (voir à ce sujet la fiche n° 5).

FICHE 18 LES CONDITIONS DE VENTE DE L'AUTO-ENTREPRENEUR

L'article L 111-1 du Code de la consommation impose au professionnel de communiquer au client-consommateur ses conditions de vente ou de prestation de services, « de manière lisible et compréhensible ». De même, pour les relations entre professionnels, l'article L 441-1 du Code de commerce impose la communication de ses conditions générales de vente ou de prestation de services par le professionnel à tout acheteur qui en fait la demande pour une activité professionnelle. Cette obligation s'impose donc aux auto-entrepreneurs fabricants, fournisseurs de produits ou de services à destination des particuliers ou des professionnels.

1 - LES CONDITIONS GÉNÉRALES DE VENTE (CGV)

• Les conditions générales de vente - CGV (ou pour les prestations de services, les conditions de fourniture de service) ont pour objet de définir les conditions auxquelles le professionnel fournit ses produits ou ses services.

• Les CGV doivent prévoir notamment les **conditions de livraison** des produits, les conditions de paiement, la garantie contractuelle si l'auto-entrepreneur décide d'accorder des conditions de garantie au-delà des conditions de garantie légale (garantie contre les vices cachés, prévue à l'article 1641 du Code civil, et éventuellement la garantie décennale applicable aux travaux de construction).

• Les CGV constituent le **contrat entre le vendeur et le client**. Elles doivent donc être fournies préalablement à la conclusion de la vente ou au plus tard, au moment où la vente va être conclue. Selon les termes de l'article L 441-1 du Code de commerce, les CGV « constituent le socle de la négociation commerciale » entre vendeur et acheteur professionnel.

• Les CGV peuvent figurer sur le devis ou le bon de commande du fournisseur/auto-entrepreneur ou encore sur le site web de l'auto-entrepreneur (dans ce cas, il faudra s'assurer que le client en a pris connaissance et les a effectivement acceptées).

• Les CGV peuvent être différenciées selon les catégories d'acheteurs de produits ou de demandeurs de prestation de services.

• Enfin, les CGV peuvent être complétées par des **conditions particulières**, négociées entre le vendeur et le client. Les conditions particulières viendront en principe compléter les conditions générales de vente ou de prestation de services.

2 - LES PRIX ET LES CONDITIONS DE PAIEMENT

• Les commerçants sont tenus d'avoir un **barème de prix**. Ce barème doit être communiqué au client à sa demande. Les prix peuvent faire l'objet de réductions (par exemple, en cas de commande d'un certain volume de produits, de commandes récurrentes ou d'engagement de commandes sur une période donnée) ou de surcharges (par exemple, en cas de conditions particulières de livraison).

• Pour les relations entre vendeurs et acheteurs professionnels, les **conditions de règlement** doivent être décrites aux CGV et les délais de paiement doivent être conformes aux dispositions de l'article L 441-10 du Code de commerce.
Le vendeur peut ainsi exiger le paiement immédiatement à la livraison des biens ou à la réalisation des prestations. Il est également possible de demander le versement d'un acompte ou d'arrhes à la conclusion du contrat, puis le paiement du solde à la livraison.
Le Code de commerce prévoit que, sauf dispositions contraires figurant aux CGV ou convenues entre les parties, le délai de règlement des sommes dues est fixé au trentième jour suivant la date de réception des marchandises ou d'exécution de la prestation demandée.

• L'article L 441-10 du Code de commerce fixe les **délais maximums de paiement**. Le délai convenu entre les parties pour régler les sommes dues ne peut dépasser quarante-cinq jours fin de mois ou soixante jours à compter de la date d'émission de la facture.
Attention ! Certaines dérogations à cette disposition légale existent. En effet, selon la branche d'activité, des délais de paiement spécifiques peuvent avoir été négociés par les partenaires sociaux. Il est donc recommandé de s'adresser à la chambre de commerce, ou des métiers ou à la fédération professionnelle dont l'auto-entrepreneur peut relever pour s'informer sur des délais de paiement spécifiques à son activité.

• Enfin, les CGV applicables aux acheteurs professionnels doivent indiquer les pénalités de retard, à savoir :
– les intérêts de retard dont le taux doit s'élever au minimum à 3 fois le taux d'intérêt légal ou le taux d'intérêt appliqué par la Banque centrale européenne à son opération de refinancement la plus récente, majoré de 10 points de pourcentage ;
– l'indemnité forfaitaire de recouvrement, due de plein droits par le débiteur et s'élevant à 40 €.

L'ACTIVITÉ D'AUTO-ENTREPRENEUR ET LA PROPRIÉTÉ INTELLECTUELLE

Le développement de l'activité d'auto-entrepreneur comprend la plupart du temps la création d'une dénomination ou marque. Par ailleurs, au cas où l'activité impliquerait par exemple la création d'études, de documents, de logiciels, ou bien consisterait en une activité artistique (musique, photographie, etc.), ces créations seront protégées par le droit d'auteur.

1 - NOM COMMERCIAL, MARQUE ET NOM DE DOMAINE

• Le nom commercial est le nom sous lequel l'activité est exercée. Cependant, il convient d'être prudent avant de commencer à utiliser un nom commercial et s'assurer qu'une autre entité (société, association, etc.) n'utilise pas le même nom ou marque pour la même activité. L'auto-entrepreneur peut décider d'enregistrer le nom commercial, le nom de son produit ou de son service en tant que marque, afin de bénéficier des droits de propriété intellectuelle associés à la marque.

• Dans un premier temps, il conviendra de faire une recherche en ligne afin de contrôler si le nom est ou non utilisé par un tiers, au titre d'un nom de domaine ou d'une marque. Cette première recherche sera complétée par une recherche sur le registre des marques de l'INPI afin de s'assurer que le nom n'est pas enregistré.

• Au cas où l'auto-entrepreneur souhaiterait exploiter un site Internet, le choix d'un nom de domaine doit également être fait avec prudence. Avant d'enregistrer le nom de domaine, pour autant que celui-ci soit disponible, il est fortement recommandé de s'assurer que ce nom n'est pas enregistré en tant que marque.
Les problématiques de marque et de nom de domaine sont complexes. Si l'auto-entrepreneur souhaite développer son activité sous une marque, ou s'il souhaite exploiter un site Internet, il est fortement recommandé de consulter un avocat spécialisé en propriété intellectuelle.

2 - LES CRÉATIONS DE L'AUTO-ENTREPRENEUR PROTÉGÉES PAR LE DROIT D'AUTEUR

• Suivant le type d'activité exercé par l'auto-entrepreneur, celui-ci peut être amené à créer des œuvres protégées par le droit d'auteur (ou droit de la propriété intellectuelle). Ces œuvres peuvent être de natures très diverses.

Par exemple, les études, les cahiers des charges, les brochures commerciales, les documentations (technique, commerciale ou publicitaire), les logiciels, les sites Internet, sont protégés par le droit d'auteur sous réserve d'être « originaux ». De même, les photographies, les dessins, les peintures, la musique, la vidéo sont généralement protégés par le droit de la propriété intellectuelle.

• La protection par le droit de la propriété intellectuelle signifie que le client ne pourra librement recopier, traduire, revendre, modifier ni distribuer les œuvres protégées sans en avoir reçu l'autorisation par le titulaire des droits. L'autorisation consiste soit en une licence d'utilisation des droits, soit en une cession de tout ou partie des droits sur l'œuvre.
Attention ! La simple signature d'un bon de commande comprenant une mention du type « cession des droits sur... » sans autre précision, ou l'utilisation du terme « vente des tirages photos... » ne sont pas considérés comme des cessions valables des droits de propriété intellectuelle. Celle-ci doit respecter la forme énoncée à l'article L 131-3 du Code de la propriété intellectuelle. À défaut, toute utilisation par un tiers (y compris, par le client) non autorisée par l'auteur ou l'ayant-droit pourra être constitutive d'une contrefaçon des droits de l'auteur en application des articles L 335-2 et suivants du Code de la propriété intellectuelle, voire de concurrence déloyale et/ou parasitaire.

• Comme pour les marques, les problématiques liées aux droits d'auteur et à leur exploitation sont complexes. Si l'activité de l'auto-entrepreneur comprend la création d'œuvres protégées par le droit d'auteur, il est fortement recommandé de consulter un avocat spécialisé en propriété intellectuelle.

Une marque dûment enregistrée auprès de l'INPI pour la France ou à l'EUIPO pour l'Union européenne confère des droits de propriété intellectuelle à son titulaire. Ces droits lui permettent notamment d'empêcher toute utilisation de sa marque par des tiers pour des produits ou services similaires. Le droit des marques est régi par le Code de la propriété intellectuelle, complété par une abondante jurisprudence.

LES FICHIERS DE CLIENTS ET PROSPECTS DE L'AUTO-ENTREPRENEUR

La constitution de fichiers contenant des données à caractère personnel à des fins professionnelles (commerciales, marketing, etc.), est soumise aux dispositions du règlement général sur la protection des données (RGPD) depuis le 25 mai 2018[1], complété par la loi Informatique et Libertés du 6 janvier 1978, modifiée. Ceci concerne notamment les fichiers de clients et prospects de l'auto-entrepreneur.

1 - QU'EST-CE QU'UN TRAITEMENT DE DONNÉES À CARACTÈRE PERSONNEL ?

Qu'est-ce qu'une donnée à caractère personnel ?

En application de l'article 4 du RGPD, la notion de données à caractère personnel est définie comme : « toute information se rapportant à une personne physique identifiée ou identifiable, directement ou indirectement, notamment par référence à un identifiant... » Il s'agit des noms, numéro d'identification, voix, image, empreintes génétiques, adresse électronique, numéro de téléphone, etc. permettant d'identifier une personne physique.

Qu'est-ce qu'un traitement de données à caractère personnel ?

La collecte, l'enregistrement, l'organisation, la conservation, la modification, l'utilisation, la diffusion, notamment, constituent des traitements au sens de la loi. Les seuls traitements de données non couverts par la réglementation sont ceux mis en œuvre exclusivement pour une finalité personnelle.

2 - COMMENT COLLECTER LES DONNÉES ?

Les données personnelles doivent être collectées et traitées selon des règles strictes.

- Le principe de loyauté : les collectes et traitements de données doivent être effectués de manière loyale et licite pour des finalités déterminées, explicites et légitimes (art. 5-1 RGPD).

■ ***Exemple :*** Constitue un traitement de données à caractère personnel le fichier contenant les noms, prénom, adresses, etc. des clients et prospects de l'auto-entrepreneur.

- Toute collecte de données illégale, déloyale ou frauduleuse et toute modification de la finalité du traitement de données sont constitutives d'un manquement à la réglementation. Le responsable du traitement peut voir sa responsabilité civile engagée (art. 1240 - anciennement art. 1382 - du Code civil), ainsi que sa respon-

(1) Règlement (UE) 2016/679 du Parlement européen et du conseil du 27 avril 2016 relatif à la protection des personnes physiques à l'égard du traitement des données à caractère personnel et à la libre circulation de ces données et abrogeant la directive 95/46/CE-RGPD.

sabilité pénale, à savoir cinq ans d'emprisonnement et 300 000 € d'amende (art. 226-18 du Code pénal). En vertu du RGPD, le montant maximum des sanctions administratives est porté à 10 millions d'euros ou 20 millions d'euros selon le type de manquement constaté (art. 83-RGPD).

■ ***Exemple :*** L'utilisation des fichiers de contacts personnels pour envoyer des e-mails commerciaux ou à finalité publicitaire est interdite. La collecte des données doit être loyale. L'utilisation de ces données à des fins commerciales serait constitutive d'un détournement de finalité et d'une utilisation non autorisée du fichier.

• **La finalité du traitement** : il est interdit pour un salarié qui exercerait par ailleurs une activité d'auto-entrepreneur, d'utiliser les fichiers clients de son employeur à des fins de prospection pour sa propre micro-entreprise.

Le consentement : la personne concernée par la collecte de ses données doit avoir donné son consentement exprès et préalable. Le responsable du traitement (l'auto-entrepreneur) doit fournir les informations suivantes à la personne concernée, préalablement à la collecte de ses données : identification du responsable du traitement, objet du traitement, existence d'un droit d'accès, de contestation, de correction ou d'opposition à la collecte, caractère obligatoire ou facultatif des réponses, etc.

3 - LES NOUVELLES OBLIGATIONS IMPOSÉES PAR LE RGPD

Avec l'entrée en application du RGPD en mai 2018, il n'est plus nécessaire de déclarer la constitution de nouveaux traitements à la Commission nationale de l'informatique et des libertés (CNIL). En revanche, le responsable du traitement (l'auto-entrepreneur) doit s'assurer que les conditions de collecte et de traitement des données à caractère personnel sont conformes aux dispositions du RGPD. Il est possible de s'informer sur les nouvelles obligations du RGPD sur le site de la CNIL (www.cnil.fr). Il est également recommandé de prendre conseil auprès d'un avocat spécialisé si nécessaire.

Sollicitation commerciale et *spamming*

La sollicitation ou prospection commerciale réalisée à partir d'un fichier d'adresses collectées et traitées dans le respect du RGPD est une pratique licite. Le *spamming* est illégal ! Pour être considéré comme du *spamming*, une campagne d'*e-mailing* remplit trois conditions cumulatives : ❶ l'envoi en masse d'e-mails ; ❷ non sollicités à un grand nombre de destinataires ; ❸ avec lesquels l'émetteur n'a pas de contacts préexistants. Les adresses e-mail ont généralement été collectées de manière illicite.

FICHE 21 L'AUTO-ENTREPRENEUR CONSULTANT INDÉPENDANT

L'auto-entrepreneur est indépendant ; l'activité indépendante étant caractérisée par le fait que celui qui l'exerce a pris librement l'initiative de la créer ou de la reprendre, qu'il conserve pour son exercice, la maîtrise de l'organisation des tâches à effectuer, ainsi que de la recherche de la clientèle et des fournisseurs[1].

1 - LA DÉFINITION DE L'ACTIVITÉ INDÉPENDANTE

L'activité indépendante, qu'elle soit exercée en qualité de consultant, d'artisan, ou de vendeur, est soumise à un certain nombre de critères.

L'AUTONOMIE

Tout d'abord, indépendance signifie autonomie. L'auto-entrepreneur intervenant de manière récurrente, régulière pour des entreprises doit être et rester autonome.

LES CRITÈRES DE L'EXERCICE INDÉPENDANT

- L'activité exercée de manière indépendante signifie que l'auto-entrepreneur développe sa clientèle, il dispose de ses propres fournisseurs. L'auto-entrepreneur organise les tâches à réaliser pour le donneur d'ordre-client. S'il réalise les tâches hors des locaux de la société, il n'est pas astreint à des horaires particuliers. Sinon, même en qualité de prestataire externe, il devra se soumettre au règlement intérieur de la société et à ses jours et heures de travail/d'ouverture. L'auto-entrepreneur utilise son propre matériel. Le prix des prestations est calculé selon son barème de prix sur la base des prestations réalisées et non sur une base fixe ou forfaitaire, sans lien avec les prestations effectivement réalisées.
- Ces critères ne sont pas immuables et dépendent en grande partie des conditions de fait. Dans un arrêt du 28 octobre 2009, la Cour de cassation retenait, pour qualifier l'indépendance de la relation contractuelle entre un entrepreneur indépendant et une société, que celui-ci agissait en totale indépendance d'organisation et sans lien hiérarchique, gérait ses horaires et l'exécution de ses prestations sans en référer à quiconque, négociait seul avec les cocontractants de la société, rendait compte régulièrement de l'exécution de sa mission, mais sans recevoir ni ordres ni directives[2].

(1) Voir question écrite n° 76823 du député Michel Liebgott au secrétaire d'État chargé du commerce, de l'artisanat, des PME, du tourisme, des services et de la consommation et réponse ministérielle du 12 octobre 2010.
(2) Cass. soc. 28 octobre 2009 (pourvoi n° 08-45330).

• En cas de contestation, les tribunaux peuvent requalifier la relation contractuelle entre un auto-entrepreneur et une entreprise en contrat de travail, en examinant les conditions dans lesquelles le contrat est effectivement exécuté, sans tenir compte de la qualification donnée par les parties à la relation contractuelle.

• En novembre 2018, la Cour de cassation[3] a jugé que les livreurs inscrits sur la plateforme Take Eat Easy (liquidée depuis) n'étaient pas des travailleurs indépendants dans la mesure où 1) l'application disposait d'un système de géolocalisation permettant le suivi en temps réel par la société de la position des livreurs et la comptabilisation des kilomètres parcourus, et 2) la société disposait d'un pouvoir de sanction à l'égard des livreurs. Le contrat liant les livreurs à la société a été requalifié en contrat de travail.

• La Cour d'appel de Paris a suivi le même raisonnement dans un arrêt rendu le 10 janvier 2019, à propos de la relation entre la société Uber et ses chauffeurs[4].

2 - LE LIEN DE SUBORDINATION DU SALARIÉ

• Le contrat de travail salarié est caractérisé par le lien de subordination existant entre le salarié et son employeur. Ce lien de subordination est défini comme l'exécution d'un travail sous l'autorité d'un employeur qui a le pouvoir de donner des ordres et des directives, d'en contrôler l'exécution et de sanctionner les manquements de son subordonné[5].

• La Cour de cassation fournit ainsi un faisceau d'indices dans un arrêt du 7 juillet 2010. En l'espèce, les parties avaient défini, dans le cadre d'un contrat d'agent commercial indépendant, que l'agent devait suivre la formation mise en place par l'entreprise, assurer ses rendez-vous de clientèle dans les locaux de l'entreprise, établir des prévisions d'activité mois par mois et rendre compte de manière stricte de l'accomplissement de sa mission auprès de la société. La Cour en a déduit qu'il existait effectivement un lien de subordination entre l'agent commercial et la société et conclu à la requalification du contrat d'agent commercial en contrat de travail[6].

• En revanche, dans un arrêt du 1er octobre 2020, la Cour administrative d'appel de Lyon[7] a jugé que les moniteurs de conduite automobile exerçant en qualité d'auto-entrepreneurs, inscrits sur la plateforme Le Permis Libre, ne sont pas des salariés, la relation entre l'exploitant de la plateforme et les moniteurs n'impliquant pas un lien de subordination.

(3) Cass. soc. 28 novembre 2018 (pourvoi n° 17-20079).
(4) CA Paris, 10 janvier 2019, M. X c. Uber BV et Uber France.
(5) Cass. soc. 13 novembre 1996 (pourvoi n° 94-418187).
(6) Cass. soc. 7 juillet 2010 (pourvoi n° 08-45538).
(7) C. adm. d'appel de Lyon, 7e ch., 1er octobre 2020, R&L, Unidec-Asav, CNPA c. l'État.

L'ENTREPRISE AYANT RECOURS À DES AUTO-ENTREPRENEURS

Les entreprises peuvent librement avoir recours à un auto-entrepreneur dans le cadre d'un contrat d'externalisation ou de sous-traitance d'une prestation. Bien évidemment, ce type de contrat doit être conclu de manière loyale, sans contraintes et non aux fins de contourner le droit du travail en imposant à une personne de s'inscrire en qualité d'auto-entrepreneur (indépendant) en contrepartie de la conclusion d'un contrat de sous-traitance.

1 - LA SOUS-TRAITANCE À UN AUTO-ENTREPRENEUR

• Le recours par une entreprise à la sous-traitance, ou à l'externalisation, d'une prestation à un auto-entrepreneur est autorisé, en application des règles de droit commun.

• L'auto-entrepreneur intervenant en qualité de sous-traitant ou de consultant extérieur doit exercer sa prestation de manière indépendante, comme tous les sous-traitants et autres intervenants extérieurs.

2 - L'EXTERNALISATION FORCÉE D'UNE PRESTATION CONTRE L'INSCRIPTION EN AUTO-ENTREPRENEUR

• Le régime de l'auto-entrepreneur ne peut être utilisé pour contourner les règles du droit du travail, c'est-à-dire remplacer un salarié par un travailleur indépendant, auto-entrepreneur ou éviter le recrutement d'un salarié en prenant un travailleur auto-entrepreneur.

• Dans une réponse ministérielle du 12 octobre 2010 du secrétariat d'État chargé du commerce, de l'artisanat et des PME, il est rappelé qu'une activité indépendante « se caractérise essentiellement par le fait que celui qui l'exerce a pris librement l'initiative de la créer ou de la reprendre, qu'il conserve pour son exercice, la maîtrise de l'organisation des tâches à effectuer, ainsi que de la recherche de la clientèle et des fournisseurs(1). »

• Une entreprise ne peut imposer de transformer un contrat de travail en contrat de prestation de service à son ancien salarié à qui l'entreprise a imposé le régime

(1) Voir question écrite n° 76823 du député Michel Liebgott au secrétaire d'État chargé du commerce, de l'artisanat, des PME, du tourisme, des services et de la consommation et réponse ministérielle du 12 octobre 2010.

de l'auto-entrepreneur, après l'avoir licencié. De même, une entreprise ne peut contourner le droit du travail en imposant à une personne de s'inscrire en auto-entrepreneur pour la conclusion d'un contrat de prestation de service.

Il est rappelé que les tribunaux peuvent requalifier la relation contractuelle en contrat de travail (avec toutes les conséquences, légales, contractuelles et financières), en se basant sur les éléments de fait, à savoir, les conditions dans lesquelles le contrat est effectivement exécuté, sans tenir compte de la qualification donnée par les parties à la relation contractuelle (voir fiche n° 21).

3 - LE DÉLIT DE TRAVAIL DISSIMULÉ

• Selon une jurisprudence constante, la personne qui accomplit un travail pour un employeur dans un lien de subordination juridique permanent est considérée comme salariée(2). L'entreprise qui contourne les règles du droit du travail en imposant un contrat de prestation alors qu'il s'agit d'une activité exercée dans un lien de subordination juridique est passible de délit de travail dissimulé, défini aux articles L 8221-5 et suivants du Code du travail. Le délit de travail dissimulé est lourdement sanctionné. Les poursuites peuvent être engagées contre l'entreprise notamment à la suite d'un procès-verbal de l'inspection du travail, de l'URSSAF, du fisc, par la saisine du conseil de prud'hommes par la personne concernée ou par une organisation syndicale.

• Les tribunaux sont de plus en plus saisis par des auto-entrepreneurs qui demandent la requalification de leur contrat avec une entreprise donneur d'ordre, en contrat de travail. Dans un arrêt du 10 janvier 2017, la Cour de cassation a confirmé l'existence d'un lien de subordination juridique entre une société et plusieurs auto-entrepreneurs, et a requalifié la relation en contrat de travail. Pour ce faire, les juges ont retenu un faisceau d'indices, notamment :

– lors du contrôle, les auto-entrepreneurs se sont présentés comme employés de la société ;

– les factures émises par ces personnes étaient toutes sous la même forme. Les prestations n'étaient pas détaillées et le montant facturé était une somme forfaitaire identique pour tous les prestataires ;

– les auto-entrepreneurs n'avaient qu'un donneur d'ordre ;

– leurs fonctions et horaires étaient fixes.

La société donneur d'ordre a été condamnée à une amende de 10 000 € et au paiement des cotisations et charges sociales à la charge de l'employeur (C. du travail art. L 8221-6). Le gérant a personnellement été condamné à une amende de 2 000 €(3).

---

(2) Voir Cass. soc. 13 novembre 1996 (Société Générale c. URSSAF de Haute-Garonne).

(3) Voir Cass. crim. 10 janvier 2017, n° 15-86.580 ; voir également Cass. civ., 07/07/2016, n° 15-16.110).

EXEMPLES D'ACTIVITÉS POUVANT ÊTRE EXERCÉES EN AUTO-ENTREPRENEUR

• Une multitude d'activités peuvent être exercées sous le régime d'auto-entrepreneur : activités commerciales, artisanales et libérales. Cependant, comme nous l'avons développé dans la fiche n° 4, toutes les activités ne peuvent être exercées en auto-entrepreneur.

• Nous rappelons ci-après les critères relatifs aux différents types d'activités professionnelles : commercial, artisanal et libéral.

1 - L'ACTIVITÉ COMMERCIALE

• L'activité commerciale est définie par le Code de commerce. Un double critère est appliqué : celui de la réalisation de certaines activités (actes de commerce) et celui de l'exercice de cette activité à titre habituel (commerçant).

• Ainsi, selon l'article L 110-1 du Code de commerce, les actes de commerce sont définis comme « *tout achat de biens meubles pour les revendre, soit en nature, soit après les avoir travaillés et mis en œuvre* ».

L'article L 121-1 du même Code définit les commerçants comme « *ceux qui exercent des actes de commerce et en font leur profession habituelle* ».

• L'activité commerciale consiste donc essentiellement en une activité d'achat de marchandises, fournitures, denrées, pour les revendre, transformées ou non, dans un but lucratif.

2 - L'ARTISANAT

• L'activité artisanale consiste en un travail de fabrication, transformation, réparation ou prestations de service.

• Les activités artisanales sont inscrites au répertoire des métiers. Elles recouvrent des types d'activités très diverses, pouvant être classées en trois grandes catégories : les métiers de l'alimentation ; les métiers du bâtiment et les métiers de la production et des services (métiers d'art, par exemple).

• L'exercice de certaines activités artisanales est soumis à une qualification professionnelle en vertu de la loi du 5 juillet 1996 (voir la liste des activités, fiche n° 5). Les personnes qui exercent l'une de ces activités doivent être titulaires d'un certificat d'aptitude professionnelle, d'un brevet d'études professionnelles ou d'un diplôme ou d'un titre homologué de niveau égal ou supérieur. À défaut de diplômes ou de titres homologués, ces personnes doivent justifier d'une expérience professionnelle de trois années effectives acquises en qualité de travailleur indépendant ou de salarié dans l'exercice de l'un de ces métiers.

3 - LA PROFESSION LIBÉRALE

• La loi du 22 mars 2012 relative à la simplification du droit définit les professions libérales comme regroupant les personnes exerçant à titre habituel de manière indépendante et sous leur responsabilité une activité généralement civile de fourniture de prestations intellectuelles, techniques ou de soins, mises en œuvre au moyen de qualifications professionnelles appropriées et dans le respect de principes éthiques ou d'une déontologie professionnelle.

• L'activité libérale est une profession dans laquelle l'activité intellectuelle joue l'élément principal. Elle s'exerce le plus souvent dans les domaines suivants : paramédical, médical, juridique, technique, artistique, intellectuel.

• L'activité libérale se distingue de l'activité salariée car elle est exercée de manière indépendante, sans lien de subordination à un employeur.

• Toutes les professions libérales ne sont pas autorisées à exercer sous le régime d'auto-entrepreneur (voir fiche n° 4).

L'AUTO-ENTREPRENEUR ET LA COMMUNICATION

Pourquoi communiquer ? Même si les seuils de chiffre d'affaires applicables à la micro-entreprise sont relativement bas (pour rappel, voir fiche n° 2 « Qu'est-ce que l'auto-entrepreneur ? »), il n'en demeure pas moins que pour développer son activité et pour la pérenniser, il sera nécessaire de communiquer.

1 - LA PUBLICITÉ

• La communication relative à une activité commerciale (industrielle, artisanale, commerciale ou libérale) ne signifie pas uniquement la publicité, même si celle-ci permet de développer la notoriété d'une marque.

• Dans le cadre du développement d'une micro-entreprise, l'un des éléments clés sera la maîtrise des charges. Or la publicité est un moyen de communication qui coûte généralement cher, que ce soit par voie de publicité dans la presse écrite ou sur Internet, par le biais de bandeaux publicitaires ou l'achat de mots-clés sur des moteurs de recherche. Par ailleurs, certaines activités réglementées (notamment certaines activités libérales) ne peuvent librement avoir recours à la publicité, ou bien dans des conditions restrictives.

• Si vous souhaitez avoir recours à la publicité pour développer votre activité, et que celle-ci relève d'un ordre professionnel par exemple, il est recommandé de s'adresser à cet ordre pour s'assurer qu'il n'existe pas de restriction ou d'interdiction. De même, il peut être utile de s'informer auprès de l'ARPP (Autorité de régulation professionnelle de la publicité, ex-BVP) afin de s'assurer que la publicité répond aux règles éthiques et à la déontologie applicables à la publicité. Mais la communication d'une activité peut se faire par d'autres moyens.

2 - LA COMMUNICATION EN LIGNE

Internet permet de communiquer facilement auprès d'un très grand nombre de clients potentiels et pour des montants qui peuvent être plus limités.

Le site internet

Il est possible de créer un site Internet dont l'objet sera, *a minima*, de décrire la micro-entreprise et de mentionner les coordonnées de contact de l'auto-entrepreneur. L'auto-entrepreneur pourra développer un site Internet de vente en ligne ou même de consultation en ligne. Dans ce cas, le site Internet sera plus qu'un simple moyen de communication. Il sera l'outil par lequel l'activité d'auto-entrepreneur sera exercée. Dans ce second cas, le coût de développement d'un site de vente en ligne sera évidemment nettement plus élevé que pour un simple site de présentation d'activité.

Le blog

• Un autre moyen, peu coûteux, de communiquer et de faire connaître son activité, consiste dans l'animation d'un blog. Cependant, la tenue d'un blog demande du temps : le blog doit être animé régulièrement et les informations doivent être pertinentes et mises à jour. Un blog à l'allure non professionnelle et/ou non à jour peut avoir un effet contraire à celui espéré en termes d'image de la micro-entreprise.

• Il est également possible de se faire connaître *via* Twitter, site de *micro-blogging*. Cependant, pour que la communication soit crédible et efficace, il conviendra de « twitter » de manière professionnelle et appropriée en restant dans le cadre de l'activité que l'on développe.

3 - LES RÉSEAUX

• Les réseaux constituent un autre moyen efficace de développer son activité en auto-entrepreneur.
De multiples types de réseaux existent, à la fois dans le monde « réel » et dans le monde « virtuel » ; ces deux types de réseaux étant complémentaires.

• Dans le monde réel, les réseaux d'entrepreneurs, les chambres de commerce et autres associations professionnelles permettent de nouer des contacts locaux et régionaux, et de faire marcher le « bouche-à-oreille ».
En revanche, là aussi, la participation à des réseaux demande un investissement important en termes de temps, ce qui peut être problématique pour les auto-entrepreneurs cumulant cette activité avec une activité salariée, étudiante, ou dans la fonction publique.

• Dans le monde virtuel, il existe de nombreux réseaux à finalité professionnelle (tels les réseaux LinkedIn ou Google My Business par exemple), sans oublier Facebook qui permet de créer des pages professionnelles, présentant l'activité d'une entreprise avec les coordonnées de contact.

FICHE 25 LA CESSATION DE LA MICRO-ENTREPRISE

La micro-entreprise n'est pas limitée dans le temps. Pour certains, il s'agit d'un moyen de tester la viabilité d'un projet à moindre coût et moindre risque avant de se lancer dans la création d'une société ou de mettre un terme au projet ; pour d'autres, il s'agit de s'assurer un complément de revenus, temporaire ou à plus long terme. Il existe donc plusieurs cas entraînant la cessation du régime de l'auto-entrepreneur, certains cas de cessation étant volontaires, d'autres étant subis.

1 - LA CESSATION VOLONTAIRE DE L'ACTIVITÉ D'AUTO-ENTREPRENEUR

La demande de radiation : l'activité d'auto-entrepreneur peut être aussi facilement clôturée qu'elle a démarré

• Ainsi, tout auto-entrepreneur ayant opté pour le versement libératoire de l'impôt sur le revenu peut cesser son activité et se faire radier même en cours d'année. Le paiement des cotisations et taxes se faisant mensuellement ou trimestriellement et étant calculé sur le chiffre d'affaires réalisé, aucun autre versement ne sera demandé après la dernière déclaration de chiffre d'affaires réalisé.

• Une simple déclaration de cessation d'activité peut donc être faite auprès du centre de formalité des entreprises (CFE) dont relève l'auto-entrepreneur.

La poursuite de l'activité sous le régime de droit commun

• Il est possible de poursuivre son activité en changeant de régime fiscal et social, et ce même si l'entrepreneur reste éligible au régime de l'auto-entrepreneur.

Attention !
La demande de changement de régime doit avoir lieu au plus tard le 31 décembre de l'année précédant le retour au régime de droit commun, la modification du mode de paiement des cotisations sociales ne pouvant être faite que pour une année entière. En outre, l'entrepreneur ne bénéficiera plus pour cette année du régime microsocial simplifié ni du versement libératoire de l'impôt sur le revenu.

2 - LES AUTRES CAS DE CESSATION DE L'ACTIVITÉ D'AUTO-ENTREPRENEUR

L'absence de chiffre d'affaires et donc, d'activité

• En cas d'absence d'activité, si l'auto-entrepreneur ne réalise aucun chiffre d'affaires pendant 24 mois consécutifs, celui-ci perd le bénéfice du régime d'auto-entrepreneur. Deux cas peuvent se présenter :
– soit l'auto-entrepreneur décide effectivement de ne pas poursuivre son activité et fait une déclaration de cessation d'activité auprès du CFE ;
– soit l'auto-entrepreneur souhaite poursuivre l'activité. Dans ce cas, il perd le bénéfice du régime de l'auto-entrepreneur. Il peut cependant poursuivre l'activité sous le régime fiscal de la micro-entreprise mais devra s'immatriculer au registre du commerce ou au répertoire des métiers.

• Aucun paiement ni reliquat de cotisations et taxes ne sera demandé lors de la radiation en tant qu'auto-entrepreneur.

La cessation du régime de l'auto-entrepreneur pour dépassement des seuils de chiffre d'affaires

• L'auto-entrepreneur doit s'assurer que son chiffre d'affaires reste dans les limites des seuils fixés pour l'année en cours pour continuer à bénéficier de ce régime. En cas de dépassement des seuils majorés de franchise de TVA, il ne pourra plus bénéficier du régime de la micro-entreprise et basculera dans le régime de droit commun de l'entreprise individuelle (voir fiches n° 2 et 16).
Si son chiffre d'affaires dépasse les seuils dits de « tolérance », l'auto-entrepreneur quitte ce régime au 1er jour du mois de dépassement et bascule dans le régime de l'entreprise individuelle. En revanche, depuis l'entrée en vigueur de la loi Pinel du 18 juin 2014, l'auto-entrepreneur conserve le bénéfice de ce régime jusqu'au 31 décembre de l'année de dépassement.

• Enfin, en cas de dépassement de plafond des revenus du foyer fiscal, l'auto-entrepreneur perd le bénéfice du régime du versement libératoire de l'impôt sur le revenu à partir de la deuxième année civile suivant le dépassement. Les autres avantages du régime de la micro-entreprise (régime microsocial simplifié, dispense d'immatriculation au RC ou au RM) subsistent cependant.

MICRO-ENTREPRISE ET AUTRES ENTREPRISES INDIVIDUELLES

La micro-entreprise n'est pas le seul modèle permettant d'exercer une activité professionnelle à titre individuel. Il existe d'autres types d'entreprises individuelles, dont l'intérêt majeur réside dans les modes de protection du patrimoine de l'entrepreneur individuel[1].

1 - DÉFINITIONS DES ENTREPRISES INDIVIDUELLES : EURL ET EIRL

• L'EURL ou entreprise unipersonnelle à responsabilité limitée est une structure sociale qui existe depuis plus de 30 ans. L'EURL a été créée par la loi du 11 juillet 1985[2]. Il s'agit d'une variante de la SARL (société à responsabilité limitée) avec un seul associé.

• L'EIRL ou entrepreneur individuel à responsabilité limitée est un statut créé par la loi du 15 juin 2010[3]. Ce nouveau statut est entré en vigueur au 1er janvier 2011. L'EIRL n'est en principe pas une entreprise dotée de la personnalité morale.

• L'EIRL a pour objet principal de permettre aux entrepreneurs individuels de distinguer entre patrimoine personnel et patrimoine professionnel et donc, d'affecter un patrimoine professionnel à leur activité. Ce patrimoine doit être dûment évalué (de préférence par un expert comptable ou un commissaire aux apports) puis être déclaré au registre du commerce et des sociétés (commerçants), au répertoire des métiers (artisans) ou au greffe du tribunal de commerce (agents commerciaux). L'entrepreneur individuel doit utiliser une dénomination incorporant son nom, précédé ou suivi des mots « Entrepreneur individuel à responsabilité limitée » ou « EIRL », ou « Auto-entreprise à responsabilité limitée » ou « AERL ».

(1) Un autre type de société individuelle existe : la SASU ou société par actions simplifiée unipersonnelle. Cette forme de société étant peu répandue, nous ne l'aborderons pas ici.
(2) Loi n° 85-697 du 11 juillet 1985 relative à l'entreprise unipersonnelle à responsabilité limitée (EURL).
(3) Loi n° 2010-658 du 15 juin 2010 relative à l'entrepreneur individuel à responsabilité limitée (EIRL) ; décret n° 2010-1706 du 29 décembre 2010 relatif à l'entrepreneur indicidueI à responsabilité limitée et articles L. 526-6 et s. et R. 526-15 et s. du Code de commerce.

2 - AVANTAGES ET INCONVÉNIENTS DES ENTREPRISES INDIVIDUELLES PAR RAPPORT AU RÉGIME DE L'AUTO-ENTREPRENEUR

• Le régime d'auto-entrepreneur a été créé pour permettre à tous types de personnes physiques de développer une activité professionnelle, commerciale, artisanale ou libérale, avec un minimum de formalités : des formalités d'inscription simplifiées, pas d'inscription au RCS, une comptabilité allégée, etc. (voir fiche n° 6). Il existe quelques contraintes : un seuil de chiffre d'affaires annuel relativement peu élevé à ne pas dépasser ; tout dépassement des seuils de chiffre d'affaires pouvant entraîner la perte du bénéfice du régime de la micro-entreprise (voir fiche n° 16). Par ailleurs, certaines activités ne peuvent être exercées sous le régime de la micro-entreprise (voir fiche n° 3). Enfin, la responsabilité de l'auto-entrepreneur n'est pas limitée et son patrimoine personnel n'est pas protégé en cas de dettes professionnelles.

Comment l'auto-entrepreneur peut-il protéger son patrimoine immobilier personnel ?

La responsabilité de l'auto-entrepreneur n'est pas limitée. En l'absence de démarches, le patrimoine personnel de l'auto-entrepreneur n'est pas protégé. Il est donc susceptible d'être saisi en cas de liquidation judiciaire de l'activité pour rembourser les dettes professionnelles. L'auto-entrepreneur peut néanmoins faire une déclaration notariée d'insaisissabilité de son patrimoine foncier bâti et non bâti, non affecté à l'activité professionnelle. Cette déclaration sera publiée à la conservation des hypothèques du lieu de situation des biens, ainsi que dans un journal d'annonces légales du département d'exercice de l'activité professionnelle, ou au registre de publicité légale (pour les auto-entrepreneurs immatriculés).

• Les deux principales différences entre le statut de l'auto-entrepreneur et celui de l'EIRL sont :

– l'absence de seuil de chiffre d'affaires dans le cas de l'EIRL sauf s'il s'agit d'un auto-entrepreneur ayant choisice régime ;

– et surtout, la possibilité d'isoler le patrimoine personnel du patrimoine professionnel et ainsi, de mieux protéger le patrimoine personnel en cas de faillite de l'EIRL.

L'entrepreneur devra déclarer les biens qu'il souhaite affecter à l'activité professionnelle. Il convient de préciser qu'en cas de financement de l'activité par les banques, celles-ci demandent généralement aux entrepreneurs d'apporter une caution à hauteur des montants empruntés. Si la valeur du patrimoine professionnel est insuffisante, la caution portera également sur le patrimoine propre de l'entrepreneur.

3 - COMPATIBILITÉ AVEC LE STATUT D'AUTO-ENTREPRENEUR

Le statut de l'EIRL est ouvert à tous les entrepreneurs individuels, y compris les auto-entrepreneurs. En effet, la loi du 15 juin 2010 permet à l'entrepreneur à la fois d'adopter le statut de l'EIRL et de conserver son statut d'auto-entrepreneur. Ce dispositif, appelé micro-entreprise à responsabilité limitée (AERL), offre une protection juridique renforcée puisque l'entrepreneur peut protéger son patrimoine personnel, tout en conservant son régime fiscal et social forfaitaire.

4 - VERS UN SEUL ET UNIQUE STATUT POUR L'ENTREPRENEUR INDIVIDUEL ?

Le 17 décembre 2013, le député PS Laurent Grandguillaume a remis un rapport sur l'auto-entrepreneur visant à la simplification des régimes et des statuts pour l'entreprise individuelle et l'auto-entrepreneur. Ce rapport recommande :

- l'unification des différents statuts qui coexistent actuellement :

– EIRL : entreprise individuelle à responsabilité limitée ;
– EURL : entreprise unipersonnelle à responsabilité limitée ;
– EI : entreprise individuelle ;
– SARL : société à responsabilité limitée.

Le projet souhaite la création d'un seul statut de l'entrepreneur individuel qui protège celui-ci dans son patrimoine personnel ;

- la fusion du régime fiscal et social de l'auto-entrepreneur avec celui de la micro-entreprise.

Ce projet a, en partie, été repris dans la loi Pinel du 18 juin 2014, qui crée un régime unique de la micro-entreprise, issu de la fusion du régime « micro-social » (régime social spécifique aux auto-entrepreneurs) et du régime fiscal de la micro-entreprise. La loi nouvelle impose ainsi aux entrepreneurs individuels, ayant opté pour le régime fiscal de la micro-entreprise, la soumission au régime « micro-social ». Ce nouveau régime de la « micro-entreprise » est entré en vigueur le 1er janvier 2016.

27 MICRO-ENTREPRISE ET PORTAGE SALARIAL

Le portage salarial est un système qui s'est développé depuis plusieurs années pour permettre à des consultants indépendants de fournir leurs prestations à des entreprises clientes dans un cadre juridique déterminé. Ce système s'est développé longtemps avant la création du régime de l'auto-entrepreneur pour répondre à un besoin du marché du travail.

1 - DÉFINITION DU PORTAGE SALARIAL

Ce système a été consacré par la loi du 25 juin 2008 de modernisation du marché du travail[1] modifiée en 2015. La loi définit le portage salarial comme suit : « D'une part, la relation entre une entreprise dénommée « entreprise de portage salarial » effectuant une prestation au profit d'une entreprise cliente, qui donne lieu à la conclusion d'un contrat commercial de prestation de portage salarial ; D'autre part, le contrat de travail conclu entre l'entreprise de portage salarial et un salarié désigné comme étant le «salarié porté», lequel est rémunéré par cette entreprise. »

2 - QUELLES SONT LES SIMILARITÉS ENTRE LA MICRO-ENTREPRISE ET LE PORTAGE SALARIAL ?

- Les deux régimes comprennent des similarités. En effet, dans le système du portage salarial, la personne « portée » est en réalité un consultant indépendant qui s'appuie sur le système du portage pour bénéficier d'un encadrement fiscal et social simple à gérer.
- Comme l'auto-entrepreneur, le porté doit démarcher ses clients. La loi prévoit notamment que le portage salarial garantit les droits de la personne portée sur son apport de clientèle.
- La société de portage sert principalement de support juridique et administratif au porté.

3 - MICRO-ENTREPRISE ET PORTAGE SALARIAL SONT DEUX SYSTÈMES DISTINCTS

Les deux régimes sont cependant profondément différents.

(1) Loi n° 2008-596 du 25 juin 2008 portant modernisation du marché du travail, complétée par l'ordonnance n° 2015-380 du 2 avril 2015 relative au portage salarial, codifiée aux articles L 1254-1 et suivants du Code du travail.

Indépendance et lien de subordination

• Un auto-entrepreneur est un entrepreneur réellement indépendant. Il ne dépend juridiquement d'aucune entreprise ni d'aucun employeur.

• Dans le portage salarial, le porté est salarié de la société de portage dans un lien de subordination juridique avec son employeur. La société de portage lui verse un salaire calculé sur la base du chiffre d'affaires généré par l'activité du porté.

Relation avec le client

• Les contrats (vente ou prestations de services) sont passés directement entre l'auto-entrepreneur et le client, et ce dernier règle l'auto-entrepreneur.

• Dans le portage salarial, la relation contractuelle est tripartite : elle implique le consultant (le porté), l'entreprise de portage (employeur du porté) et le client. Le contrat sera conclu entre l'entreprise de portage et le client. La prestation sera réalisée par le porté, facturée par l'entreprise de portage et réglée par le client à l'entreprise de portage.

Types d'activités exercées

• Comme développé précédemment, les auto-entrepreneurs interviennent dans des domaines d'activités très divers : prestations de services aux entreprises et aux particuliers, activités libérales diverses, commerce, artisanat, industrie. Les profils des auto-entrepreneurs sont également très divers.

• Dans le portage salarial, les personnes portées sont généralement des consultants fournissant des prestations de services (conseil) aux entreprises.

• À noter que selon un accord relatif au portage salarial signé le 24 juin 2010 entre le PRISME (syndicat patronal de l'intérim) et les organisations syndicales, les portés ont le statut cadre. La convention collective du partage salarial, entrée en vigueur le 1er juillet 2017 définit 3 niveaux de salaire minimum selon l'ancienneté du salarié porté ou s'il intervient en forfait jour. Ces exigences limitent donc le portage salarial à une catégorie de personnes pouvant justifier la réalisation d'un chiffre d'affaires beaucoup plus élevé que lors du lancement d'une activité d'auto-entrepreneur.

Obligations comptables, fiscales et sociales

• L'auto-entrepreneur doit tenir une comptabilité (simplifiée), déclarer son chiffre d'affaires et régler ses cotisations. Les cotisations sont soumises aux taux applicables au microsocial et au microfiscal, en contrepartie des limites de chiffre d'affaires imposées à l'activité d'auto-entrepreneur.

• Dans le portage salarial, les obligations comptables, fiscales et sociales sont prises en charge par la société de portage. Ces cotisations sont calculées aux taux de droit commun. En contrepartie de la fourniture de ces services, la société de portage prend une commission sur le chiffre d'affaires généré par le porté.

28 LE PORTRAIT TYPE DE L'AUTO-ENTREPRENEUR

• Le régime de l'auto-entrepreneur a pour premier objectif de permettre à des particuliers de développer une activité professionnelle légalement et de bénéficier des régimes microfiscal et microsocial simplifiés. Bien que certaines activités soient exclues et ne puissent être exercées sous le régime de la micro-entreprise (voir fiche n° 4), il existe de multiples catégories d'activités exercées en micro-entreprise et une grande diversité de profils d'auto-entrepreneurs.

• Depuis la mise en œuvre de ce nouveau régime en janvier 2009, plusieurs études statistiques ont été menées afin de fournir des indications sur l'environnement de la micro-entreprise[1].

1 - LE PROFIL DES AUTO-ENTREPRENEURS

• Depuis 2009, près de la moitié des créations d'entpreprises sont faites sous le régime de l'auto-entrepreneur. Après une année, 90 % des auto-entrepreneurs seraient toujours en activité.

• Fin décembre 2019, le régime auto-entrepreneur comprenait 1 711 000 personnes enregistrées, un nombre en hausse depuis l'augmentation des seuils de CA au 1er janvier 2018. Environ 952 000 auto-entrepreneurs, soit 55,6 % des inscrits, sont économiquement actifs. Le nombre des inscrits continue à se développer (+ 567 000 ou 24,5 % sur un an). Toutefois, le nombre des radiations est en baisse. Fin 2019, les comptes avec 2 années sans CA n'ont pas été radiés, contrairement aux années précédentes. Si l'on soustrait les comptes inactifs, le nombre d'auto-entrepreneurs fin 2019 s'élève à 1 616 000, dont 59 % économiquement actifs.

• En 2019, près de 55 % des auto-entrepreneurs ont déclaré un chiffre d'affaires et près de 40 % des auto-entrepreneurs ont une activité salariée en parallèle à leur activité d'auto-entrepreneur.

2 - LES SECTEURS D'ACTIVITÉ ET LEUR RÉPARTITION

• Les activités qui comprennent le plus grand nombre d' auto-entrepreneurs se répartissent comme suit :
– BTP - Construction : 193 300 ;

(1) Communiqué de l'ACOSS (Agence centrale des organismes de Sécurité sociale), ACOSSTAT, n° 310, juillet 2020, « Les auto-entrepreneurs fin décembre 2018 ». « Regards croisés sur l'auto-entrepreneuriat » réalisé par la société OpinionWay (institut de sondages politiques et d'études marketing) pour l'Union des auto-entrepreneurs (UAE) et la fondation Le Roch – Les Mousquetaires (11 juin 2014) ; voir les chiffres publiés régulièrement par l'UAE.

– Commerce de détail (non alimentaire, sur marché et non spécialisé) : 153 600 ;
– Transport : 124 000 ;
– Arts, spectacles, activités récréatives : 113 200 ;
– Conseils pour les affaires : 104 300 ;
– Industrie : 93 400.

• Les secteurs les plus dynamiques sont les transports (dont la livraison et les VTC), les activités immobilières, le nettoyage, les autres services personnels.

• En 2019, les régions les plus dynamiques sont les Hauts-de-France, l'Île-de-France et les Pays de la Loire.

3 - LE CHIFFRE D'AFFAIRES MOYEN

• Le chiffre d'affaires cumulé déclaré par les auto-entrepreneurs s'élève à 4 282 millards d'euros fin 2019.

• Pour les auto-entrepreneurs ayant réalisé un chiffre d'affaires, celui-ci est généralement peu élevé. Ceci est dû à la spécificité du régime, aux limites des seuils permettant de bénéficier de ce régime et au fait que certains auto-entrepreneurs exercent leur activité à titre secondaire. Ainsi, en 2019, les auto-entrepreneurs ont déclaré un chiffre d'affaires pour un montant trimestriel moyen de 4 498 € contre entre 4 112 € l'année précédente.

4 - LES REVENUS MOYENS

Les revenus moyens de l'auto-entrepreneur, issus de leur activité de micro-entreprise représentent, pour 71 % des auto-entrepreneurs, de 1 à 49 % et pour 25 % d'entre eux, 50 % ou plus des revenus du foyer (chiffres de juin 2014).

D'après une étude publiée par l'INSEE en septembre 2012, au bout de 3 ans, 90 % des auto-entrepreneurs dégageaient un revenu inférieur au SMIC au titre de leur activité non salariée.
Cependant, le doublement des seuils de CA en 2018 (de 82 800 € à 170 000 € pour les activités commerciales achat/vente, et de 33 200 € à 70 000 € pour les activités de services ou libérales) permettent aux auto-entrepreneurs économiquement actifs d'augmenter leurs revenus.
Les chiffres pour 2020 doivent être publiés en juillet 2021.

29 RÉFÉRENCES : LES ORGANISMES ET LEUR FONCTION ; LOIS APPLICABLES ; JURISPRUDENCE

Nous listons ci-après les principaux organismes administratifs et leur rôle, les références législatives et réglementaires citées dans le présent ouvrage et quelques jurisprudences applicables au domaine de l'auto-entrepreneur.

1 - LES PRINCIPAUX ORGANISMES ADMINISTRATIFS ET LEUR FONCTION

• **Centre de formalité des entreprises (CFE)**. Les CFE permettent aux commerçants et aux sociétés commerciales d'accomplir les déclarations relatives à leur création, aux modifications de leur situation ou à la cessation de leur activité. Ils transmettent les dossiers (création, modification ou cessation d'activité) aux différents organismes concernés : services fiscaux, URSSAF, Sécurité sociale, greffe du tribunal de commerce, etc.

• **Chambre de commerce et d'industrie (activités commerciales) et Chambre des métiers (activités artisanales)**. Les CCI et Chambres des métiers aident respectivement les commerçants et artisans dans la réalisation des formalités déclaratives. Elles apportent également des conseils et proposent des formations professionnelles.

• **URSSAF (Union de recouvrement des cotisations de Sécurité sociale et d'allocations familiales)**. Le réseau des URSSAF collecte les cotisations permettant de financer les caisses de Sécurité sociale et d'allocations familiales.

• **RCS (Registre du commerce et des sociétés)**. Le RCS centralise les informations légales relatives aux entreprises : forme sociale, capital social, adresse du siège, nom des dirigeants, etc.

• **RM (Répertoire des métiers)**. Le RM centralise les informations légales relatives aux artisans (personnes physiques ou morales).

• **Cipav (Caisse interprofessionnelle de prévoyance et d'assurance vieillesse).** Caisse de prévoyance et d'assurance vieillesse des professionnels libéraux.

• **Sécurité sociale des indépendants**. Remplace le RSI (régime social des indépendants) depuis janvier 2018 (www.secu-independants.fr). Système transitoire qui a été remplacé par le régime général de la Sécurité sociale (CPAM) en 2020.

• **AFE (Agence France Entrepreneur)**. L'AFE renforce et coordonne l'action en faveur de l'entreprenariat.

2 - RÉFÉRENCES LÉGISLATIVES OU RÈGLEMENTAIRES

• **Fiche n° 2** : Loi n° 2008-776 du 4 août 2008 de modernisation de l'économie (LME), notamment le Titre 1er, chapitre 1 - Instaurer un statut de l'entrepreneur individuel ; loi n° 2014-626 du 18 juin 2014 relative à l'artisanat, au commerce et aux très petites entreprises.

• **Fiche n° 6 (sur la domiciliation)** : Articles L 123-11 et s. et R 123-166-1 du Code de commerce ; avis n° 2011-03 de la Commission de coordination des CFE et avis 09-08 du 2 juin 2009, du Comité de coordination du RCS.

• **Fiche n° 9** : Décret n° 2011-1973 du 26 décembre 2011 et arrêté du 11 décembre 2018 portant la fixation du plafond de la Sécurité sociale pour 2019.

• **Fiche n° 10** : Décret n° 2010-696 du 24 juin 2010 créant l'article D 131-6-4 du Code de la Sécurité sociale.

• **Fiche n° 14** : Loi n° 83-634 du 13 juillet 1983 portant droits et obligations des fonctionnaires, dite loi Le Pors. Décret n° 2007-658 du 2 mai 2007 relatif au cumul d'activités des fonctionnaires, des agents non titulaires de droit public et des ouvriers des établissements industriels de l'État.

• **Fiche n° 15** : Loi n° 83-634 du 13 juillet 1983 portant droits et obligations des fonctionnaires. Décret n° 2011-82 du 20 janvier 2011. Loi n° 2011-14 du 5 janvier 2011 relative à la reconversion des militaires.

• **Fiche n° 20** : Règlement général sur la protection des données 2016/679 du 27 avril 2016 et loi n°2018-493 du 20 juin 2018 relative à la protection des données personnelles.

• **Fiche n° 23** : Loi n° 96-603 du 5 juillet 1996 relative au développement et à la promotion du commerce et de l'artisanat.

• **Fiche n° 26** : Loi n° 85-697 du 11 juillet 1985 relative à l'entreprise unipersonnelle à responsabilité limitée (EURL). Loi n° 2010-658 du 15 juin 2010 et décret n° 2010-1706 du 29 décembre 2010 relatifs à l'entrepreneur individuel à responsabilité limitée (EIRL) .

• **Fiche n° 27** : Loi n° 2008-596 du 25 juin 2008 portant modernisation du marché du travail, modifiée par l'ordonnance n° 2015-380 du 2 avril 2015 relative au portage salarial.

3 - RÉFÉRENCES JURISPRUDENTIELLES

• Les auto-entrepreneurs sont soumis aux règles du droit commercial au même titre que tout autre commerçant, notamment concernant la règlementation sur les prix de vente et les règles de concurrence (vente à perte ; concurrence déloyale). Tribunal de commerce de Béziers, ordonnance de référé du 19 juillet 2010.

• Les tribunaux ont rendu quelques décisions relatives au paracommercialisme : TGI de Mulhouse, jugement du 12 janvier 2006 ; TGI de Paris, 31e ch., jugement du 25 juin 2009 ; TGI de Paris, 15e ch., jugement du 11 décembre 2009.

• Décisions de requalification juridique en contrat de travail (délit de travail dissimulé) : Cass. Crim., 10 janvier 2017, n° 15-86.580 ; Cass civ. 2e, 7 juillet 2016, n° 15-16.110.

30 INFORMATIONS DIVERSES ET RÉSEAUX

Une faiblesse de l'auto-entrepreneur est l'isolement. Il existe cependant de nombreuses sources d'informations ainsi que des associations permettant de constituer des réseaux et fédérer les auto-entrepreneurs.

1 - PORTAIL GOUVERNEMENTAL EN LIGNE

- autoentrepreneur.urssaf.fr : le portail gouvernemental dédié aux auto-entrepreneurs et fournissant les accès pour s'inscrire comme auto-entrepreneur et pour faire les déclarations en ligne. Ce portail contient également des informations complètes sur le régime de l'auto-entrepreneur.
- www.guichet-entreprises.fr : portail de l'Agence France Entrepreneur.
- Bpifrance-creation.fr : accompagnement à la création d'entreprise.

2 - LES ASSOCIATIONS ET FÉDÉRATIONS

- www.union-auto-entrepreneurs.com : union des auto-entrepreneurs (UAE).
- www.federation-auto-entrepreneur.fr : fédération nationale des auto-entrepreneurs et micro-entrepreneurs.

3 - LES SALONS

- www.salonsme.com : le salon SME (anc. Salon des micro-entreprises) a lieu à Paris pendant deux jours en septembre-octobre.
- www.salondesentrepreneurs.com : le Salon des entrepreneurs a lieu à Paris (février), Lyon (juin), Marseille (octobre) et Nantes (novembre).

4 - LES SITES WEB

- Il existe de nombreux sites fournissant des informations sur le régime de l'auto-entrepreneur. Certains sites disposent également d'un forum permettant aux auto-entrepreneurs d'échanger des informations, de poser des questions pratiques, ainsi que des annuaires d'auto-entrepreneurs.

Nous listons ci-dessous quelques sites :
www.planete-auto-entrepreneur.com
www.auto-entrepreneur.fr
www.portail-autoentrepreneur.fr

5 - LES RÉSEAUX SOCIAUX

Les réseaux sociaux sur Internet sont un moyen efficace et rapide pour l'auto-entrepreneur de se faire connaître auprès de ses clients potentiels. Nous listons ci-après les principaux réseaux sociaux :

- www.linkedin.com : principal réseau social professionnel.
- Google My Business : permet de développer du contenu visible sur les résultats du moteur de recherche.
- www.profils-auto-entrepreneurs.com, www.communaute-auto-entrepreneur.fr : réseaux professionnels dédiés aux auto-entrepreneurs.
- www.facebook.com : Facebook permet, au-delà des comptes personnels, de développer des pages professionnelles.
- www.twitter.com est un site de *micro-blogging*, ou de messages courts qui permet de se faire connaître par ses commentaires et réactions sur tous types de thématiques, y compris professionnelles.
- www.flickr.com : FlickR est un réseau social de photographies. Il peut être utilisé par des professionnels de la photographie ou par tout autre professionnel ayant une activité artistique et visuelle pour exposer ses photos ou créations visuelles.
- www.youtube.com, www.dailymotion.com et www.vimeo.com : ces trois plateformes permettant de mettre en ligne des clips musicaux, films et vidéos. Ces plateformes peuvent être utilisées notamment par des musiciens ou par tout autre professionnel ayant une activité artistique pour diffuser sa musique ou exposer ses créations visuelles, mais également pour diffuser des vidéos de présentation d'activité ou des tutoriels par exemple.

Achevé d´imprimer en Août 2021 en Espagne par Grafo
Dépôt légal: Janvier 2021 - Édition 02 - 17/6977/3